... Títulos relacionados

ADGD0308 ACTIVIDADES DE GESTIÓN ADMINISTRATIVA

[DISPONIBLE CERTIFICADO COMPLETO]

AF274170

ADGG0308 ASISTENCIA DOCUMENTAL Y DE GESTIÓN EN DESPACHOS Y OFICINAS

[DISPONIBLE CERTIFICADO COMPLETO]

Solicítalos en:
- Librería
- www.paraninfo.es
- Solicitudes nacionales +34 914 463 350
- Solicitudes fuera de España +34 913 308 907, +34 913 308 919

Gestión operativa de tesorería
MF0979_2

Susana Llorente Pardo

Maquetación: Diseño & Control Gráfico
Impresión: Liberdigital (Casarrubuelos, Madrid)
ISBN: 978-84-283-7443-9
Depósito legal: M-5856-2026

Impreso en España

Autora

Susana Llorente Pardo es licenciada en Ciencias Económicas y Empresariales, en la especialidad de Economía General, por la Universidad de Oviedo. Tras una breve experiencia en el sector de los seguros, y después de unos años trabajando en banca, en los últimos dieciocho años ha venido desarrollando su actividad profesional como profesora de Economía en una academia especializada en enseñanza universitaria. Desde hace cuatro años, compagina la docencia con el trabajo en el Departamento de Administración y Gestión de una empresa.

Índice

Introducción normativa

La Ley Orgánica 3/2022, de 31 de marzo, de ordenación e integración de la Formación Profesional, contiene una disposición derogatoria única que afecta a la regulación de los certificados de profesionalidad, ahora denominados **Certificados Profesionales**. La referida normativa deroga la Ley Orgánica 5/2002, de 19 de junio, de las Cualificaciones y de la Formación Profesional, y abre un escenario de cambios que se irá implementando progresivamente.

La Ley Orgánica 3/2022, de 31 de marzo, de ordenación e integración de la Formación Profesional implica que toda la formación es acumulable. La oferta formativa se estructura de forma escalonada, siendo los Certificados Profesionales un nivel intermedio (Grado C) de una escala que va desde el Grado A hasta el E.

En los artículos 35 a 38 de la Ley 3/2022 se describe en qué consisten estos Certificados Profesionales: su oferta, formación asociada, estructura, duración, acceso, titulación y validez. Posteriormente, esta normativa se completa con lo dispuesto en el Real Decreto 659/2023, de 18 de julio, que desarrolla la ordenación del sistema de Formación Profesional. Concretamente en los artículos 67 a 81 es donde se hace referencia a la oferta formativa de Grado C, correspondiente a los Certificados Profesionales.

Están agrupados en 26 familias profesionales con características comunes del sector. En la actualidad hay más de medio millar de Certificados Profesionales incluidos en el Repertorio Nacional. Esta cifra no deja de crecer. Además, cada certificado está específicamente regulado por un real decreto.

Un Certificado Profesional corresponde al Grado C de la oferta del Sistema de Formación Profesional. Es un documento oficial, con validez en todo el territorio nacional y debe constar en el Catálogo Nacional de Ofertas de Formación Profesional, que certifica la capacitación para el desarrollo de una actividad profesional.

Debe detallar los módulos profesionales superados y los estándares de competencia profesional asociados a él e incluidos en el **Catálogo Nacional de Estándares de Competencias Profesionales**, así como su correspondencia con el Marco Español de Cualificaciones.

Despliegan su validez en un doble ámbito, laboral y académico:

- En el contexto laboral tienen validez profesional, porque acreditan las competencias en una determinada profesión. Para poder trabajar en algunas profesiones, se exigen determinadas cualificaciones, y los certificados sirven para acreditarlas.

- Asimismo, tienen validez académica, puesto que permiten continuar un itinerario formativo siempre que se cumplan los requisitos de acceso para cursar la titulación deseada. De tal modo que, los Certificados Profesionales que sean parte de un Grado D permitirán la matrícula modular para completar los módulos establecidos en el currículo y obtener el correspondiente título de técnico básico, técnico o técnico superior con validez en todo el territorio nacional.

Para obtener un Certificado Profesional (Grado C) es preciso cumplir con los requisitos de acceso para realizar la formación.

Estructura de los Certificados Profesionales

I. Identificación: denominación, familia y área profesional a la que pertenecen; nivel de cualificación profesional (1, 2 o 3); cualificación profesional de referencia; entorno profesional y módulos formativos que esté previsto cursar junto con la duración de cada uno de ellos.

II. Perfil profesional: incluye las competencias profesionales requeridas en el mercado laboral. En todas ellas se concretan las realizaciones profesionales y los criterios de realización.

III. Formación: describe los módulos formativos que esté previsto cursar para adquirir las competencias requeridas. En cada uno de ellos se indican las capacidades que se pretenden alcanzar y la duración del módulo de prácticas no laborales —PNL—, para el que cabe solicitar exención si se cumplen determinados requisitos.

IV. Prescripciones de las personas formadoras.

V. Requisitos mínimos de espacios, instalaciones y equipamiento.

Los Certificados Profesionales se identifican con una denominación concreta y un código alfanumérico propio, y sirven para acreditar una determinada cualificación profesional. Cada certificado está asociado a una relación de unidades de competencia que, a su vez, se vinculan con una serie de módulos formativos específicos. Algunos módulos están integrados por unidades formativas y tanto unos como otras son, en ocasiones, transversales, lo que significa que se trata de contenidos incluidos en más de un Certificado Profesional.

Los Certificados Profesionales se articulan en tres niveles de competencia profesional (1, 2 y 3) conforme a lo dispuesto en el que será el Catálogo Nacional de Estándares de Competencias Profesionales, anteriormente Catálogo Nacional de Cualificaciones Profesionales (CNCP), según los criterios establecidos de conocimientos, iniciativa, autonomía y complejidad de las tareas, en cada una de las ofertas de Formación Profesional.

La oferta formativa dirigida a la obtención de los Certificados Profesionales tiene carácter modular para favorecer la acreditación parcial acumulable de la formación recibida y posibilitar así el avance en el itinerario de Formación Profesional para cualquiera que sea la situación laboral de cada persona en cada momento.

En definitiva, el Grado C constituye la oferta, parcial y acumulable, del sistema de Formación Profesional, de varios módulos profesionales del catálogo modular de Formación Profesional por razón de su significado en el mercado laboral y conducente a la obtención de un Certificado Profesional.

Las ofertas de Grado C de Formación Profesional tendrán por objeto módulos profesionales incluidos previamente en el catálogo modular de formación profesional y asociados al Catálogo Nacional de Estándares de Competencias Profesionales.

Finalidad de los Certificados Profesionales

- Contribuir a la ordenación de un Sistema de Formación Profesional al servicio de un régimen de formación y acompañamiento profesionales que sea capaz de responder con flexibilidad a los intereses, expectativas y aspiraciones de cualificación profesional de las personas a lo largo de su vida.

- Combinar escuela y empresa situando a la persona en el centro del sistema.

- Facilitar el aprendizaje permanente de toda la ciudadanía mediante una formación abierta, flexible y accesible, estructurada de forma modular, a través de la oferta formativa asociada al certificado.

- Acreditar las cualificaciones profesionales o las unidades de competencia recogidas en estas, independientemente de su vía de adquisición, bien sea a través de la vía formativa, o mediante la experiencia laboral o vías no formales de formación.

- Favorecer, tanto en el ámbito nacional como europeo, la transparencia del mercado de trabajo.

- Contribuir a la calidad de la oferta de Formación Profesional.

El presente libro desarrolla el Módulo Formativo denominada *Gestión operativa de tesorería,* MF0979_2.

Dicho Módulo Formativo está asociado a la Unidad de Competencia UC0979_2, perteneciente a las Cualificaciones Profesionales de referencia: ADG308_2, de nivel 2, incluida en el Certificado Profesional denominado *Actividades de gestión administrativa* y ADG310_3, de nivel 3, incluida en el Certificado Profesional denominado *Asistencia documental y de gestión en despachos y oficinas.* Todas ellas se encuentran dentro de la familia profesional Administración y gestión.

Según el Real Decreto 645/2011, de 9 de mayo, los contenidos que en esta obra se recogen se corresponden con una duración de 90 horas.

Tanto la estructura como el desarrollo del libro se ajustan al citado real decreto y más concretamente a los contenidos del Módulo Formativo que le da título *Gestión operativa de tesorería,* MF0979_2.

Contenidos

1. **Normativa mercantil y fiscal que regula los instrumentos financieros.**

    - Intermediarios financieros y agentes económicos.
        - Definición y papel.
        - Clasificación según las directrices de la CEE.
        - Banco de España.
        - Banca privada.
        - Cajas de ahorro.
        - Compañías de seguros.
        - Fondos de pensiones.
        - La Seguridad Social.
        - Sociedades y fondos de inversión.
        - Bancos hipotecarios.
    - Características y finalidad de los instrumentos financieros al servicio de la empresa.
        - Créditos en cuenta corriente.
        - Préstamos.
        - Descuento bancario.
        - Descuento comercial.
        - *Leasing.*

— *Renting*.

— *Factoring*.

- La Ley Cambiaria y del Cheque.

  — Requisitos formales.

  — Cheques nominativos «a la orden».

  — Cheques nominativos «no a la orden».

  — Cheques al portador.

  — Fecha de emisión y vencimiento.

  — Conformación, cruzado y transmisión.

  — Conocimiento de su poder ejecutivo y su fiscalidad.

- La letra de cambio.

  — Requisitos formales; defectos de forma.

  — Libramiento.

  — Fecha de emisión y vencimiento.

  — Cláusulas.

  — Aceptación, aval, transmisión (endoso y cesión).

  — Fiscalidad de la letra de cambio.

- El pagaré.

  — Definición del pagaré.

  — Reconocer sus características.

  — Fecha de emisión y vencimiento.

  — Diferencias y analogías con la letra de cambio.

  — Fiscalidad del pagaré.

- Otros medios de cobro y pago. Características y finalidad.

  — El recibo domiciliado.

  — La transferencia bancaria.

  — Remesas electrónicas.

- Identificación de tributos e impuestos.

  — Identificación de declaraciones de IVA.

  — Identificación de declaraciones de IRPF.

2. **Confección y empleo de documentos de cobro y pago en la gestión de tesorería.**

- Documentos de cobro y pago en forma convencional o telemática.
  - Recibos domiciliados *online*.
  - Preparación de transferencias on line para su posterior firma.
  - Confección de cheques.
  - Confección de pagarés.
  - Confección de remesas de efectos.
- Identificación de operaciones financieras básicas en la gestión de cobros y pagos.
  - Operaciones de *factoring*.
  - Confirming de clientes.
  - Gestión de efectos.
- Cumplimentación de libros registros.
  - De cheques.
  - De endosos.
  - De transferencias.
- Tarjetas de crédito y de débito.
  - Identificación de movimientos en tarjetas.
  - Punteo de movimientos en tarjetas.
  - Conciliación de movimientos con la liquidación bancaria.
- Gestión de tesorería a través de banca *online*.
  - Consulta de extractos.
- Obtención y cumplimentación de documentos oficiales a través de internet.

3. **Métodos básicos de control de tesorería.**

- El presupuesto de tesorería.
  - Finalidad del presupuesto.
  - Características de un presupuesto.
  - Elaboración de un presupuesto sencillo.
  - Aprobación del presupuesto.

- El libro de caja.
  - El arqueo de caja.
  - Finalidad.
  - Procedimiento.
  - Punteo de movimientos en el libro de caja.
  - Cuadre con la contabilidad.
  - Identificación de las diferencias.
- El libro de bancos.
  - Finalidad.
  - Procedimiento.
  - Punteo de movimientos bancarios.
  - Cuadre de cuentas con la contabilidad.
  - Conciliación en los libros de bancos.

4. **Operaciones de cálculo financiero y comercial.**
- Utilización del interés simple en operaciones básicas de tesorería.
  - Ley de Capitalización simple.
  - Cálculo de interés simple.
- Aplicación del interés compuesto en operaciones básicas de tesorería.
  - Ley de Capitalización compuesta.
  - Cálculo de interés compuesto.
- Descuento simple.
  - Cálculo del descuento comercial.
  - Cálculo del descuento racional.
- Cuentas corrientes.
  - Concepto.
  - Movimientos.
  - Procedimiento de liquidación.
  - Cálculo de intereses.
- Cuentas de crédito.
  - Concepto.
  - Movimientos.

- — Procedimiento de liquidación.
- — Cálculo de intereses.
- Cálculo de comisiones bancarias.

5. **Medios y plazos de presentación de la documentación.**
   - Formas de presentar la documentación sobre cobros y pagos.
     - — Telemática.
     - — Presencial.
   - Organismos a los que hay que presentar documentación.
     - — Agencia Tributaria.
     - — Seguridad Social.
   - Presentación de la documentación a través de internet.
     - — Certificado de usuario.
     - — Plazos para la presentación del pago.
     - — Registro a través de internet.
     - — Búsqueda de información sobre plazos de presentación en las páginas web de Hacienda y de la Seguridad Social.
   - Descarga de programas de ayuda para la cumplimentación de documentos de pago.
   - Utilización de mecanismos de pago en entidades financieras a través de internet.
   - Utilización de banca *online*.

Nota del Editor

En Ediciones Paraninfo estamos comprometidos con la calidad de la formación e intentamos que nuestros materiales respondan fielmente y con rigor a las necesidades de todos cuantos confían en nuestro sello editorial.

Tratamos de dar respuesta a los currículos de las unidades formativas y de los módulos que integran los distintos Certificados Profesionales, equilibrando la parte teórica con la práctica para que los procesos de aprendizaje se conviertan en experiencias gratificantes, tanto para docentes como para las personas inmersas en los procesos formativos.

Nuestros objetivos son contribuir de forma decisiva a afianzar aprendizajes, ayudar a adquirir destrezas que tengan significado para el empleo y conseguir potenciar el desarrollo personal.

Para lograrlo contamos con excelentes autores, expertos en las materias que abordan, en la mayoría de los casos docentes de dichas especialidades con dilatada experiencia tanto profesional como académica, porque buscamos perfiles familiarizados con los contextos laborales concretos a los que se refieren nuestros manuales.

Confiamos en poder serte de ayuda y esperamos tus impresiones acerca de nuestro trabajo. Sean positivas o negativas, serán muy bien recibidas y, sin duda, nos ayudarán a seguir mejorando y trabajando con ilusión para continuar siendo un referente en formación para el empleo.

Agradecemos tu confianza en nuestros manuales. Todo nuestro equipo queda a tu total disposición. Puedes contactar con nosotros en esta dirección de correo electrónico:

info@paraninfo.es

1. Normativas mercantil y fiscal que regulan los instrumentos financieros

Introducción

Las relaciones entre los distintos agentes económicos y las instituciones financieras están sometidas a una regulación a través de la legislación y normativas propias de la zona geográfica que estemos analizando. Cada país puede tener la suya, si bien a partir de la segunda mitad del siglo pasado, con el final de la Segunda Guerra Mundial, comenzaron a construirse espacios supranacionales de relación económica y, por tanto, también financiera. En el caso español, hemos tenido que adaptar la legislación nacional al entorno de la Unión Europea y Monetaria, a la que España pertenece, tras su incorporación a la Comunidad Económica Europea (CEE) en 1986.

En esta primera parte, estudiaremos los instrumentos financieros, sus características y su utilización por parte de los agentes económicos y de las instituciones financieras, desde la perspectiva de la legislación que los regula.

Contenido

1.1. Intermediarios financieros y agentes económicos

Antes de estudiar los distintos instrumentos financieros, sus características y normativa aplicable, parece lógico presentar las unidades de decisión de la economía, quiénes han de utilizar esos instrumentos en sus relaciones cotidianas y, en definitiva, los intervinientes en un sistema económico como el nuestro.

La economía es la ciencia social que estudia cómo satisfacer las necesidades de los distintos agentes económicos, asignando, de forma eficiente, los recursos escasos a usos alternativos.

Es **ciencia**, porque utiliza el **método científico** en su búsqueda de explicaciones, siguiendo los siguientes pasos:

1. Observación de la realidad. Planteamiento de preguntas y problemas.

2. Formulación de teorías y modelos a través del **análisis económico**. Se basa en la simplificación de la realidad, por medio del enunciado de **supuestos**.

3. Contraste empírico de las teorías y modelo, de lo que se encarga la **econometría**, la parte de la economía que utiliza los modelos matemáticos y estadísticos con dicha finalidad.

4. Formulación de **leyes económicas**, como regularidades que se cumplen para colectivos suficientemente grandes.

Es **social**, porque su objeto de estudio es el comportamiento de los individuos y de la sociedad; dado que el comportamiento de los individuos es imprevisible, uno de los axiomas fundamentales en los modelos económicos es la **racionalidad**, entendida como la coherencia entre los fines perseguidos y los medios utilizados para ello.

Dentro de la economía como ciencia, se distingue: la *economía positiva,* que hace referencia a lo que es, era o será; estudia la realidad (en lo relativo a la descripción de los hechos, no hay discrepancias entre los economistas), y la *economía normativa,* que hace referencia a lo que debe o debería ser la realidad, incluyendo juicios de valor.

La economía tiene unas características específicas en relación con otras ciencias, entre las que destaca el llamado **enfoque económico**. Este se basa en que los individuos y la sociedad deben decidir *cómo asignar unos recursos escasos, de usos alternativos, con el objetivo de cubrir necesidades ilimitadas:*

- *Esta escasez implica la obligación de elegir entre ciertos bienes y*, por tanto, *lleva asociado un **coste de oportunidad**,* entendido como la mejor alternativa sacrificada (el coste de oportunidad de una opción es la mejor de las opciones a las que se debe renunciar). Es un coste económico que implica que nada es gratis.

- Entendemos por *recursos limitados* los factores productivos: la **tierra** (recursos naturales), el **trabajo** (capacidad de los individuos para aportar su esfuerzo a la producción de bienes y servicios) y el **capital** (bienes producidos y que a su vez se utilizan para producir otros). Estos recursos son propiedad de los individuos, y su asignación la realiza el **mercado,** en ocasiones intervenido por el Estado.

- Los *agentes económicos* son los sujetos e instituciones que toman decisiones económicas: las familias, las empresas, el Estado y el resto del mundo.

En relación con los agentes económicos, estos actúan en el marco de la existencia de tres sectores en la economía: el **privado,** al que pertenecen familias y empresas, y que constituye la base del funcionamiento de un sistema económico como el nuestro; el **público,** integrado por el Estado, y el **exterior,** en el que actúa el resto del mundo, entendido como el conjunto de los agentes económicos que no forman parte de nuestra economía. Esta expresión «nuestra economía» hace referencia al país o zona geográfica desde la que se estén analizando las relaciones entre los distintos agentes.

La relación entre familias y empresas queda reflejada en el doble intercambio de renta monetaria por bienes y servicios, de un lado, y por factores productivos, de otro. Es lo que se denomina *flujo circular de la renta:*

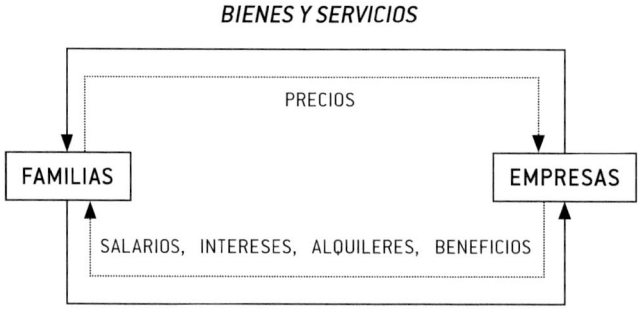

En la representación anterior, las líneas continuas representan los bienes y servicios que las empresas producen y ofrecen a las familias (parte superior) y los factores productivos —tierra, capital y trabajo— de los que las familias son dueñas, y que ofrecen a las empresas para que pueda llevarse a cabo la producción (parte inferior). Por otro lado, las líneas discontinuas representan el flujo de renta entre ambos agentes: las familias pagan los precios por los bienes y servicios adquiridos, y las empresas pagan a las familias por los factores productivos empleados: los salarios por el trabajo, los intereses y beneficios por el capital, los alquileres por la tierra.

Como se explicará en el apartado siguiente, el papel de cada uno de estos dos agentes económicos es fundamental para el funcionamiento del sistema que conocemos. Si las empresas no pudiesen acometer la producción de bienes y servicios, o las familias no dispusieran de la renta suficiente para adquirirlos, el modelo no funcionaría. En este sentido, es relevante la intervención de un tercer agente, el Estado; además de adquirir bienes y servicios y contratar factores productivos para mantener su infraestructura en todos los ámbitos de la Administraciones pública, estatal, autonómica y local, es fundamental su labor de redistribución de la renta: distribuye los ingresos que obtiene a través de la recaudación de impuestos, atendiendo a las distintas partidas de gastos, entre las que se encuentra la de gasto social, como son las transferencias a las familias y las subvenciones a las empresas.

Una representación ampliada del flujo circular de la renta, incluyendo al Estado, podría ser la siguiente:

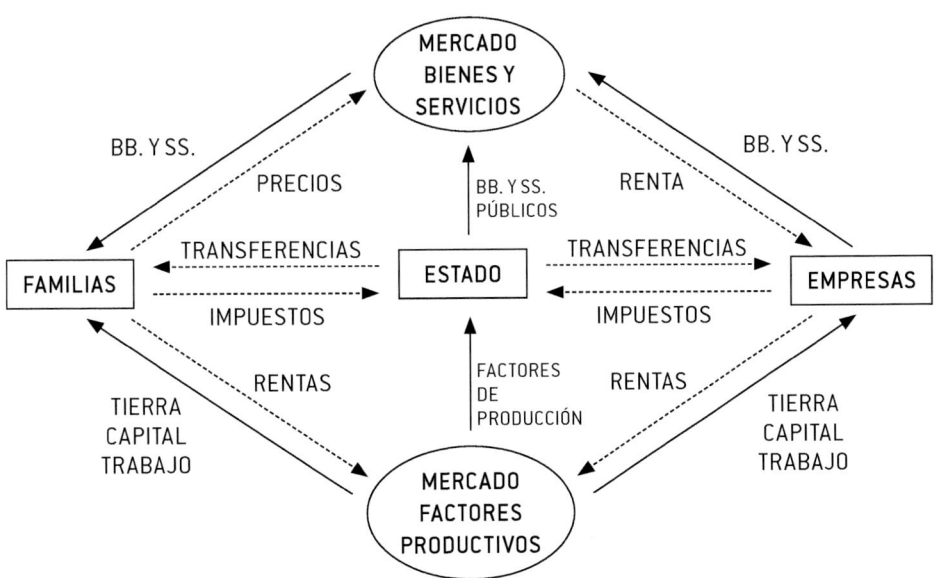

Los **intermediarios financieros** por su parte, sin ser considerados agentes económicos, son clave en las relaciones entre los mismos. Cuando una familia no dispone de renta suficiente para adquirir alguno de los bienes y servicios que las empresas ofertan en el mercado, acude a una entidad crediticia buscando financiación; esto es, pide un préstamo para poder consumir en la actualidad por mayor valor monetario del que representa su renta, a cambio de destinar parte de su renta futura a devolver ese préstamo. Esta decisión puede limitar su capacidad de consumo futuro, pero ¿cómo podría comprar una vivienda la mayor parte de la población, si no es pidiendo dinero prestado? Igualmente, aquellas familias con unas pautas de consumo definidas por un valor inferior al de su renta monetaria actual, acudirán a la intermediación financiera buscando obtener rentabilidad para sus ahorros. De esta forma, podrán adquirir bienes y servicios en un período futuro, por valor monetario superior al de su renta en ese momento.

Por supuesto, las empresas toman decisiones análogas en relación con las necesidades de financiación de la producción, o de determinadas fases de la misma, y a las distintas opciones de inversión que se puedan presentar, para obtener la mayor rentabilidad posible por la renta monetaria excedente de la que dispongan en cada momento.

Respecto al Estado, también hace uso de los intermediarios financieros, según el esquema que se incorpora en el apartado sobre el Banco de España. Cuando el Gobierno necesita financiar el *déficit público*, es decir, la diferencia negativa entre ingresos y gastos, acude a la emisión de *deuda pública*. Esta consiste en la petición de un préstamo al resto de agentes económicos, fraccionado en participaciones como son los bonos del Estado o las letras del Tesoro, por las que el Estado se compromete a pagar unos intereses. La participación de las entidades financieras es fundamental para el desarrollo del proceso.

La crisis financiera de 2008 llevó a las autoridades monetarias de la zona euro a elevar los tipos de interés de referencia y restringir el acceso al crédito de los agentes económicos, con el objetivo de sanear las cuentas de los intermediarios financieros afectados por la explosión de la burbuja inmobiliaria. Tras años de esfuerzo de familias y empresas, y de corrección de déficit en las cuentas públicas, la política monetaria del Banco Central Europeo cambió de signo, comenzando una expansión a través de la adquisición de títulos de deuda pública de algunos de los Estados miembros de la Unión más afectados por la crisis, acudiendo así al rescate de los mismos en términos financieros; igualmente se procedió a la reducción paulatina de los tipos de interés de referencia, facilitando el acceso al crédito de familias y empresas, pero reduciendo la rentabilidad que podían obtener por sus ahorros y excedentes de tesorería. Esto último ha exigido un esfuerzo adicional por parte de los responsables financieros de las empresas, en cuanto a la búsqueda de productos que permitan la obtención de la mencionada rentabilidad, sin renunciar a cierto grado de liquidez necesario para dar respuesta a posibles necesidades imprevistas de tesorería.

En el siguiente gráfico, elaborado por el Banco de España, se observa la evolución de los tipos de interés que familias y empresas pagan por el acceso al crédito y aquellos que reciben por sus depósitos, a lo largo de los últimos veinte años.

TIPOS SINTÉTICOS DE INTERÉS DE NUEVAS OPERACIONES DE LAS ENTIDADES DE CRÉDITO Y LOS ESTABLECIMIENTOS FINANCIEROS DE CRÉDITO

Hogares y sociedades no financieras

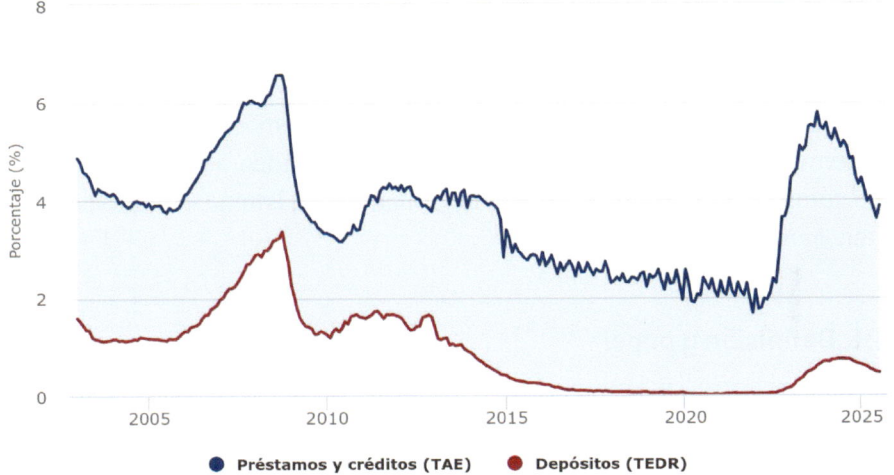

FUENTE: Banco de España. Tipos de interés (TAE y TEDR) de nuevas operaciones

La nueva e inesperada crisis provocada por la expansión pandémica de la COVID-19, a principios del año 2020, otorgó un mayor y determinante protagonismo al sector público. Esta crisis sanitaria y la consecuente crisis económica provocada han exigido la puesta en práctica de políticas económicas en el ámbito fiscal, también expansivas. Los Gobiernos de los Estados de la Unión Europea, respaldados por las instituciones de la misma, reaccionaron inicialmente haciendo un esfuerzo por favorecer a familias y empresas con ayudas directas, económicas y financieras, ante la obligada reducción de la actividad productiva y comercial. La lenta recuperación de los niveles de producción y empleo, y las nuevas oleadas de contagios, llevaron a los Gobiernos de los Estados miembros a diseñar un instrumento de recuperación temporal, con los llamados **Fondos Next Generation EU.** Se trata de un plan de subvenciones, ayudas directas y préstamos que la UE concede para el período 2021-2026, con el objetivo de la recuperación económica y el crecimiento futuro, basados en la modernización y digitalización de las empresas y Administraciones europeas, en el marco del desarrollo sostenible y la lucha contra el cambio climático, y buscando la reducción de las desigualdades sociales y entre regiones, así como la igualdad de género.

Esta política fiscal expansiva ha convivido con una restricción monetaria en los años 2022 y 2023. La crisis energética que provocó la invasión de Ucrania por parte de Rusia, en febrero de 2022, iniciando una guerra que aún continua en 2025, supuso una fuerte presión al alza en los precios. El objetivo de controlar la inflación, llevó al Banco Central Europeo a subir los tipos de interés en la zona euro, como puede observarse en el gráfico anterior, restringiendo así el acceso al crédito de familias y empresas.

La recuperación económica en Europa está siendo lenta y costosa, en un marco de incertidumbre internacional provocada por guerras cercanas y la polarización de las decisiones comerciales entre las grandes potencias.

A lo largo de este primer punto del capítulo, describiremos las distintas figuras de intermediación a las que familias y empresas pueden acudir, con el objetivo de cumplir con su papel en el funcionamiento del sistema económico al que pertenecen.

1.1.1. Definición y papel

Los **agentes económicos** son quienes toman las decisiones en un sistema económico. Repartidos en tres sectores, privado, público y exterior, consideramos cuatro agentes económicos: las **familias y empresas,** que integran el sector privado de la economía; el **Gobierno o Estado,** como sector público; y las unidades de decisión que no pertenecen a nuestra economía, que normalmente denominamos **resto del mundo,** y que constituyen el llamado sector exterior.

En el sector privado, las familias adquieren los bienes y servicios producidos por las empresas, por los que pagan unos precios; la renta monetaria necesaria para hacer frente a esos pagos la obtienen, principalmente, como los sueldos y salarios que las propias empresas pagan a cambio del trabajo que las familias realizan. Existe, por tanto, entre ambos agentes, una relación de intercambio de bienes y servicios por renta monetaria (empresas-familias) y fuerza de trabajo por salarios (familias-empresas), sobre la que se asienta todo el sistema económico de libre mercado. Diremos entonces que las familias son quienes toman las decisiones sobre consumo y también las propietarias de los factores productivos, entendidos como los recursos necesarios para la obtención de los bienes y servicios; las empresas son las productoras de esos bienes y servicios y quienes necesitan contratar los recursos de producción.

Ya se ha mencionado que la relación entre familias y empresas es el pilar sobre el que se asienta el funcionamiento del sistema económico; pero en este, también es relevante la participación del Estado. Igual que las familias, adquiere bienes y servicios, y, como las empresas, produce aquellos que, por sus características, no resultan rentables para la iniciativa privada y sí imprescindibles para los individuos; y también regula las relaciones entre los agentes en el sistema económico. Además, obtiene unos ingresos, a través de la recaudación de impuestos, que destina a la financiación de gastos, tanto los relacionados con su propia existencia y mantenimiento (gasto corriente) como los que constituyen las transferencias sin contrapartida a familias y empresas, como, por ejemplo, las prestaciones por desempleo o las subvenciones (gasto social).

La participación del sector exterior recoge la relación de nuestra economía con otras, caracterizadas por las mismas relaciones entre familias y empresas, y una intervención del sector público dependiente de cada país.

Respecto a los **intermediarios financieros,** podemos definirlos como las instituciones que captan los fondos de los que disponen los prestamistas (o unidades de gasto con superávit) y los destinan a financiar a los prestatarios (o unidades de gasto con déficit). Un banco, por ejemplo, es un intermediario financiero; con el dinero que sus clientes depositan en sus cuentas, una vez reservada la proporción a la que está obligado el sistema bancario por el Banco Central Europeo (coeficiente de caja: proporción de depósitos que constituyen las reservas mínimas u obligatorias del sistema, con el objetivo de garantizar la liquidez del mismo, y fijado en el 1 % actualmente, como puede ser consultado en el enlace https://www.bde.es/bde/es/utiles/glosario/glosarioPolt/indexR.html.), puede conceder préstamos y créditos a aquellas familias y empresas que lo requieran; también proporciona tarjetas de crédito y débito, y, en general, medios de pago, que facilitan las relaciones comerciales entre los agentes, pone al servicio de los mismos las nuevas tecnologías aplicadas a sus productos, como a los mencionados medios de pago (tarjetas virtuales, uso de dispositivos móviles, plataformas de envío/recepción inmediata de dinero como Bizum, etc.). En los últimos años, las entidades bancarias han protagonizado incursiones en el mercado inmobiliario, como propietarias de innumerables pisos, casas y locales, garantía real de los respectivos préstamos hipotecarios impagados y fallidos tras la crisis financiera desencadenada en el sector en 2008.

El papel que desempeñan los intermediarios financieros, fundamental para el buen funcionamiento de la actividad económica, puede resumirse en la mediación entre prestamistas y prestatarios, caracterizada por:

- **Transformación de activos:** los fondos que captan de los ahorradores o prestamistas, y por los que estos esperan obtener una rentabilidad, los transforman en otros activos, como los préstamos y créditos que necesitan los prestatarios, a cambio de cobrar unos intereses y comisiones. Normalmente, la captación es de fondos a corto plazo (depósitos), y la cesión de los mismos a largo plazo (préstamos).

- **Ofrecen y gestionan los medios de pago de la economía**: facilitan así las relaciones entre los agentes, al permitir realizar pagos y cobros sin necesidad de utilizar monedas y billetes.

- **Diversificación de riesgos y reducción de costes**: cuando los ahorradores acuden a los intermediarios financieros, lo hacen para rentabilizar sus fondos, aunque esto suponga asumir un cierto riesgo. Gracias al volumen de fondos que manejan, les resulta menos costoso obtener la información necesaria para tomar sus decisiones, así como la reducción del mencionado riesgo inherente a las operaciones financieras, gracias a la diversificación de la cartera de activos; esto les permite proporcionar a sus clientes la combinación óptima de rentabilidad y riesgo.

Como se analiza en el siguiente punto, existen distintas formas de clasificar los intermediarios financieros que se deben considerar, prestando especial atención a las sugeridas por los organismos de la Unión Europea actual, iniciadas por la antigua Comunidad Económica Europea (CEE).

1.1.2. Clasificación según las directrices de la CEE

La clasificación de los intermediarios financieros difiere de unos países a otros, aunque la más generalizada es la que los separa en bancarios y no bancarios.

Los **intermediarios financieros bancarios** son los que captan depósitos y ofrecen préstamos. En España son el Banco Central, los bancos comerciales, las cajas de ahorros y las cooperativas de crédito. Su principal característica es que parte de sus pasivos son monetarios aceptados por el público como medio de pago en las transacciones comerciales; se trata de monedas y billetes de curso legal (o dinero legal) y de depósitos bancarios (dinero bancario). Esto les da capacidad de creación de dinero, por lo que se integran en el sistema monetario de la economía. Dicha capacidad de creación de dinero se explica porque pagan unos intereses a los agentes ahorradores, a cambio de captar sus fondos excedentes, y cobran unos intereses, mayores que los anteriores, a los agentes con necesidades de financiación, a cambio de prestarles dinero.

Los **intermediarios financieros no bancarios** son, entre otros, las entidades aseguradoras, los fondos de pensiones, las sociedades y fondos de inversión, los bancos hipotecarios y las sociedades de garantía recíproca. Entre sus pasivos no los hay monetarios, por lo que su labor es más la de mediación que la de los intermediarios bancarios.

En el caso español podemos considerar intermediarios financieros no bancarios:

Un primer grupo de **intermediarios crediticios no bancarios** en el que se incluyen intermediarios sin capacidad de creación de dinero, pero sí dedicados al préstamo de fondos a aquellos agentes deudores o con necesidades de financiación, como las sociedades de garantía recíproca o los bancos hipotecarios, por ejemplo. Las primeras actúan como avalistas o garantes de los préstamos que sus socios, pequeñas y medianas empresas habitualmente, puedan necesitar para desarrollar su actividad productiva. Los bancos hipotecarios, en la práctica desaparecidos en favor de la banca comercial, se caracterizan por su labor prestamista con garantía hipotecaria. Mención especial merece el Instituto de Crédito Oficial (ICO), entidad dependiente del Ministerio de Economía, Comercio y Empresa que obtiene financiación en los mercados a un tipo de interés muy favorable, gracias a la garantía de pago por parte del Estado; posteriormente, utilizará esos fondos para financiar, también en condiciones favorables, proyectos de empresas que sean considerados de utilidad pública, por su contribución al crecimiento y desarrollo del país, así como a la redistribución de la riqueza.

Un segundo grupo de **intermediarios aseguradores** en el que estarían las entidades de seguros, intermediarios financieros cuya única actividad es la cobertura de riesgos: a cambio del cobro de una prima, cuyo importe depende principalmente del riesgo que se va a asumir, adquieren el compromiso de cubrir económicamente las pérdidas que el siniestro pudiera ocasionar. (Se entiende por siniestro la materialización de la situación desfavorable que supone el riesgo).

Finalmente, tenemos **otros intermediarios no bancarios**, como los fondos de pensiones, las sociedades y fondos de inversión, las empresas de *leasing* y de *factoring*, y las sociedades mediadoras del mercado de dinero. Estas últimas realizan únicamente operaciones de compra y venta de activos financieros (los llamados *dealers*) o bien se limitan a poner en contacto a compradores y vendedores, sin llegar a adquirir el activo financiero para su posterior venta (los brókeres). Los fondos de pensiones y de inversión serán explicados más adelante, así como las operaciones de *leasing* y *factoring*.

La clasificación que surge de las directrices de la CEE, que es la que nos ocupa, divide los intermediarios financieros en tres grupos:

- **Instituciones de depósito**: su función es la captación de depósitos, que utilizarán en la concesión de créditos y préstamos. Se encuentran en este grupo los bancos comerciales, las cajas de ahorros y las llamadas asociaciones de carácter mutualista.

- **Instituciones de carácter contractual**: se dedican a la obtención de fondos a través de contratos, que utilizarán para invertir. Este grupo incluye las entidades aseguradoras, los fondos de pensiones y la Seguridad Social.

- **Instituciones de inversión colectiva:** gestionan los activos de muchos inversores. Son las sociedades y fondos de inversión, los fondos mutuos y los bancos hipotecarios.

En los siguientes apartados profundizamos en algunos de los intermediarios financieros mencionados.

1.1.3. Banco de España

En el siguiente cuadro se representa el organigrama simplificado de las instituciones y entidades dependientes del Ministerio de Economía, Comercio y Empresa, y, por tanto, del Gobierno, siendo de interés lo referente al Banco de España.

En el caso de la Comisión Nacional del Mercado de Valores y del Banco de España, su dependencia gubernamental se justifica por la titularidad estatal de su capital, pero son independientes en lo referente a su funcionamiento. La Dirección General de Seguros queda incluida en el organigrama de la Secretaría de Economía y Apoyo a la Empresa, dentro del Ministerio de Economía, Comercio y Empresa, en su denominación actual, según Real Decreto 410/2024, de 23 de abril, por el que se desarrolla la estructura orgánica básica de dicho Ministerio.

SISTEMA FINANCIERO		
COMISIÓN NACIONAL DEL MERCADO DE VALORES	DIRECCIÓN GENERAL DE SEGUROS Y FONDOS DE PENSIONES	BANCO DE ESPAÑA
Sociedades de valores	Entidades aseguradoras	Banca privada
Agencias de valores	Fondos de pensiones	Cajas de ahorros
Sociedades de inversión colectiva		Cooperativas de crédito
		Otras entidades

El Banco de España es una entidad dependiente del Estado, ya que su capital es propiedad estatal, pero cuyo funcionamiento está sometido a la Ley de Autonomía del Banco de España, desde 1994; es decir, es una entidad independiente del Estado en la toma de decisiones. Desde enero de 1999, está sujeto a las disposiciones del Tratado de la Unión Europea (TUE), a las orientaciones e instrucciones del Banco Central Europeo (BCE), así como a los estatutos del **Sistema Europeo de Bancos Centrales** (SEBC), al que pasó a pertenecer en ese momento.

El Banco de España es la institución más importante dentro del sistema financiero español:

- Es el banco del Estado, a quien asesora en materia económica y financiera y presta servicios de tesorería, siendo el agente financiero de la deuda pública.

- Pone en circulación el dinero legal, es decir, las monedas y billetes (efectivo).

- Es el depositante de las reservas de oro y divisas (reservas exteriores).

- Es el banco de los bancos, a quienes concede préstamos y créditos para su funcionamiento, que utilizarán en la concesión de préstamos y créditos, a su vez, a familias y empresas; igualmente, recibe depósitos por parte de los bancos, cuando estos optan por mantener más reservas bancarias que las estrictamente obligatorias y, al depositarlas, buscan obtener una rentabilidad por las mismas; en los últimos años, tales depósitos vienen siendo penalizados por el BCE, buscando así el incremento del crédito en la zona euro.

- Como miembro del SEBC, es el ejecutor de la política monetaria que diseña el Banco Central Europeo, junto con el resto de bancos centrales de los países miembros de la Unión Económica y Monetaria.

En la propia página web del Banco de España, www.bde.es, podemos consultar la organización del mismo:

- **Órganos rectores:**

  — **Gobernador:** dirige y representa al banco, preside el Consejo de gobierno y la Comisión ejecutiva.

  — **Subgobernador:** sustituye al gobernador en caso de ausencia.

  — **Consejo de gobierno:** aprueba las directrices generales de funcionamiento del banco. Está formado por el gobernador, subgobernador, seis consejeros nombrados por el Gobierno, el secretario general del Tesoro y el vicepresidente de la Comisión Nacional del Mercado de Valores (CNMV).

  — **Comisión ejecutiva:** sujeta a las directrices del Consejo de gobierno, contribuye a la instrumentación de la política monetaria, formula recomendaciones y requerimientos a las entidades de crédito, resuelve sobre autorizaciones administrativas, y acuerda medidas de intervención y sustitución de administradores, u otras encomendadas al Banco de España por ley.

- **Organigrama o estructura organizativa:** para el desempeño de sus funciones, el Banco de España dispone de sus órganos rectores y de sus direcciones generales, que se pueden consultar en https://www.bde.es/wbe/es/sobre-banco/organizacion/estructura/

- **Organización territorial:** el Banco de España tiene su sede central en Madrid, y tiene otras 15 sucursales repartidas por el territorio nacional. (https://www.bde.es/wbe/es/sobre-banco/organizacion/sucursales/).

Igualmente, también en la página web del Banco de España se detalla sus funciones, separadas en dos grupos, según se extrae de https://www.bde.es/bde/es/secciones/sobreelbanco/funcion/Funciones.html: las que tiene como miembro del SEBC y las que tiene como miembro el Banco Central Nacional. Entre las primeras está la de diseño y ejecución de la política monetaria para la zona euro, que normalmente hace pública la presidencia del Banco Central Europeo (BCE). En el segundo grupo tenemos el mencionado asesoramiento al Gobierno y, entre otras, la función de promover la estabilidad y buen funcionamiento del sistema financiero, así como la de supervisar la solvencia de las entidades de crédito.

Funciones como miembro del SEBC

Desde el 1 de enero de 1999 el Banco de España participa en el desarrollo de las siguientes funciones básicas atribuidas al SEBC:

- Definir y ejecutar la política monetaria de la zona del euro, con el objetivo principal de mantener la estabilidad de precios en el conjunto dicha zona.

- Realizar las operaciones de cambio de divisas que sean coherentes con las disposiciones del artículo 111 del TUE, así como poseer y gestionar las reservas oficiales de divisas del Estado.

- Promover el buen funcionamiento de los sistemas de pago en la zona del euro. En este contexto, se enmarcan las operaciones de provisión urgente de liquidez a las entidades.

- Emitir los billetes de curso legal.

Funciones como banco central nacional

Respetando las funciones que emanan de su integración en el SEBC, la Ley de Autonomía otorga al Banco de España el desempeño de las siguientes funciones:

- Poseer y gestionar las reservas de divisas y metales preciosos no transferidas al BCE.

- Promover el buen funcionamiento y la estabilidad del sistema financiero y, sin perjuicio de las funciones del BCE, de los sistemas de pago nacionales. En este contexto, se enmarcan las operaciones de provisión urgente de liquidez a las entidades.

- *Supervisar la solvencia y el cumplimiento de la normativa específica de las entidades de crédito, otras entidades y mercados financieros cuya supervisión se le ha atribuido.*

- *Poner en circulación la moneda metálica y desempeñar, por cuenta del Estado, las demás funciones que se le encomienden respecto a ella.*

- *Elaborar y publicar las estadísticas relacionadas con sus funciones y asistir al BCE en la recopilación de información estadística.*

- *Prestar los servicios de tesorería y de agente financiero de la deuda pública.*

- *Asesorar al Gobierno, así como realizar los informes y estudios que resulten procedentes.*

1.1.4. Banca privada

La banca privada es un conjunto de entidades financieras, empresas privadas incluidas dentro del grupo de intermediarios financieros bancarios; están dedicadas a la captación de los fondos de los que disponen los agentes económicos ahorradores, y que posteriormente utilizan para la concesión de préstamos y créditos, tanto a familias como a empresas. Ofrecen también a los mencionados agentes económicos, labores de gestión financiera, asesoramiento y gestión patrimonial. Su característica más relevante es que realizan estas tareas con ánimo de lucro, es decir, con el objetivo de obtener un beneficio.

Todos los bancos que operan en nuestro territorio, como, por ejemplo, BBVA o Santander, y cuyo listado actualizado puede consultarse en https://www.bde.es/bde/es/secciones/servicios/Particulares_y_e/Registros_de_Ent/, pertenecen a la banca privada. Además, casi todos ellos forman parte de la Asociación Española de Banca (AEB), una agrupación nacida en 1977 con el objetivo de constituir un foro de discusión e intercambio de información entre las entidades, así como una coordinación y representación de las mismas ante organismos nacionales e internacionales. Toda la información sobre la AEB y el listado actualizado de los bancos socios de la misma, puede consultarse en https://www.aebanca.es/. En el momento de su constitución, existían en España bancos privados y públicos, pero en la actualidad los últimos han desaparecido.

La legislación española, en el marco de la zona euro, y como en la mayor parte de los países del mundo desarrollado, permite a los bancos libertad de organización, aunque con los límites del propio control estatal. Esa libertad de organización ha permitido la desaparición de una tradicional especialización de los bancos según las operaciones realizadas, en bancos industriales o comerciales. En la actualidad, todos los bancos pueden llevar a cabo las operaciones que consideren oportunas, y ya solo se diferencian por su tamaño. De hecho, han diversificado su negocio de forma notable, abordando actividades de *factoring*, *leasing* o *renting*, que les permiten apalancarse en su actividad tradicional de captación de depósitos y concesión de préstamos/créditos.

Por otro lado, la globalización de los mercados ha exigido la internacionalización de las empresas y, por tanto, también de los bancos. En España en los últimos treinta años se han venido produciendo fusiones y absorciones que han reducido el número de entidades, a cambio de incrementar su tamaño y competitividad. La crisis financiera de 2008 dejó al descubierto las debilidades del sistema bancario español, ante la fuerte exposición de algunos bancos y cajas ante el estallido de la burbuja inmobiliaria. La consecuencia fue la conversión de muchas cajas de ahorros en bancos, la desaparición de otras muchas y la concentración de los propios bancos, reduciendo considerablemente el número de entidades nacionales que operan en nuestro país. Las operaciones de fusión entre CaixaBank y Bankia, en la primavera de 2021, así como la de Unicaja y Liberbank, en el verano del mismo año, han dejado una clasificación de las entidades, por volumen de activos en nuestro país encabezada por CaixaBank, seguida de BBVA, Santander y Sabadell.

La banca privada está sujeta a la supervisión y normativa del Banco de España, y regulada por la Ley 10/2014, de 26 de junio, de ordenación, supervisión y solvencia de entidades de crédito, así como por el Real Decreto 84/2015, de 13 de febrero, por el que se desarrolla la mencionada Ley 10/2014, de 26 de junio.

1.1.5. Cajas de ahorros

Las cajas de ahorros son entidades de crédito, como los bancos. Denominadas en sus inicios montes de piedad, nacieron con el objetivo de captar fondos y facilitar financiación a pequeñas empresas y a particulares, dentro de cierta zona geográfica, resultando más cercanas y accesibles para las familias y empresas. La diferencia fundamental que tienen con los bancos es su finalidad social: no pudiendo repartir dividendos, deben destinar sus beneficios a la llamada obra social. Esta puede tratarse de una actuación que favorezca a ciertos colectivos desfavorecidos, a personas vinculadas a la propia caja a través de becas o a fines de interés social como proyectos de conservación medioambiental, por ejemplo. En cualquier caso, el objetivo era que los beneficios obtenidos revertieran en la sociedad a través de la obra social.

Su regulación fue modificada con la Ley 26/2013, de 27 de diciembre, de Cajas de Ahorros y Fundaciones Bancarias.

Con anterioridad a dicha ley, las cajas de ahorros se regulaban como sociedades limitadas, y su órgano gestor era el Consejo de Administración, formado por representantes del Gobierno autonómico correspondiente.

La mencionada Ley 26/2013, de 27 de diciembre, reconoce la existencia de cajas de ahorros y fundaciones bancarias. Únicamente las primeras conservan sus funciones como entidades de crédito, no pudiendo operar fuera de la propia comunidad autónoma, salvo que se actúe sobre un máximo de diez provincias limítrofes entre sí. Los órganos de gobierno son ahora la Asamblea General, el Consejo de Administración y la Comisión de Control, y se establece una serie de incompatibilidades en cuanto al ejercicio de cargo, que busca la despolitización de las cajas, con el objetivo de evitar caer en errores pasados de falta de transparencia y control de algunos miembros de los órganos de gobierno de las entidades.

Pasan a ser fundaciones bancarias, aquellas con una participación, directa o indirecta de, al menos, un 10 % del capital de una entidad de crédito. Sus órganos de gobierno son el patronato, las comisiones delgadas del mismo que se establezcan estatutariamente, el director general y demás órganos recogidos igualmente en los estatutos de la fundación. Su finalidad es social y su actividad principal, la obra social, así como la gestión de su participación en entidad de crédito.

Con la Ley 26/2013, de 27 de diciembre, se han producido agrupaciones de cajas y transformaciones de algunas en bancos o bancarización de las mismas, y se ha pretendido despolitizar los órganos de decisión. Como resultado, desde 2015 solo quedan dos cajas de ahorros, según se puede consultar en el registro de entidades del Banco de España, para las Cajas de Ahorros (https://www.bde.es/bde/es/secciones/servicios/Particulares_y_e/Registros_de_Ent/): Caja de Ahorros y Monte de Piedad de Ontinyent (Caixa Ontinyent) y Colonya-Caixa D'Estalvis de Pollença.

El proceso de bancarización supuso que la mayor parte de las cajas de ahorros que existían traspasaran su actividad financiera a entidades bancarias que nacieron con ese propósito: Caja Madrid dio paso a Bankia, La Caixa a CaixaBank o Cajastur a Liberbank, por ejemplo. En ese momento, muchas de esas cajas ya eran resultado de fusiones y absorciones de otras, con lo que el número de ellas ya se había reducido considerablemente desde el inicio de la crisis financiera de 2008. Desde julio de 2021, solo hay seis entidades bancarias con origen en dicha bancarización: ABANCA, CaixaBank, Cajasur Banco, Ibercaja, Kutxabank y Unicaja Banco.

Además de a la Ley 26/2013, de 27 de diciembre, de Cajas de Ahorros y Fundaciones Bancarias, estas también están sujetas a la Ley 10/2014, de 26 de junio, de ordenación, supervisión y solvencia de entidades de crédito, así como al Real Decreto 84/2015, de 13 de febrero, que desarrolla esta última.

Las cajas de ahorros, las fundaciones bancarias y determinadas entidades de crédito, forman la CECA: Confederación Española de Cajas de Ahorros.

1.1.6. Compañías de seguros

Las entidades aseguradoras son intermediarios financieros no bancarios, sujetos a la Ley 50/1980, de 8 de octubre, de Contrato de Seguro. Su actividad se justifica por la aversión al riesgo que tienen las familias y empresas, y que les lleva a renunciar a parte de su renta para entregársela a la compañía en forma de prima, a cambio de que le sea cubierta la pérdida económica que pudiera producirle la materialización de tal riesgo en un acontecimiento desfavorable; es lo que se denomina ocurrencia del siniestro: el robo de pertenencias dentro de la vivienda, el choque en coche contra un tercero o la incapacidad laboral por enfermedad o accidente, son ejemplos de siniestros. Las entidades captan fondos de las unidades de decisión (familias y empresas) ahorradoras, para proporcionar seguridad a todas aquellas que contraten el seguro, aunque únicamente tendrá que reembolsar los fondos a algunas de ellas. Los fondos que captan los invierten en distintos activos financieros, de renta fija y variable, diversificando el riesgo de tal inversión y buscando la mayor rentabilidad posible con la misma. Por esta razón son intermediarios financieros y obtienen, evidentemente, un beneficio por su labor.

Dentro de las compañías de seguros, encontramos las entidades aseguradoras privadas, que son las sociedades anónimas dedicadas a la intermediación descrita; las mutualidades de previsión social, como complemento de la Seguridad Social; las entidades de crédito que también comercializan seguros; las cooperativas de seguro y el Consorcio de Compensación de Seguros. Este último es de titularidad pública y su función es dar cobertura a riesgos extraordinarios, tales como los siniestros producidos por fenómenos naturales, por ejemplo.

Todas las entidades están bajo la supervisión de la Dirección General de Seguros y Fondos de Pensiones (DGSFP), organismo dependiente del Ministerio de Economía, Comercio y Empresa cuyo organigrama más reciente se reproduce a continuación, según dispone la propia web https://dgsfp.mineco.gob.es/es/DireccionGeneral/Paginas/Estructura.aspx, en el apartado Estructura y funciones:

1.1.7. Fondos de pensiones

Los planes de pensiones constituyen una forma de ahorro a largo plazo para las familias, con el objetivo de complementar la pensión pública a cargo de la Seguridad Social; son contratos por los que se adquiere la obligación de la contribución a cambio del derecho a percibir una renta o capital cuando se produzca alguno de los supuestos que permiten el rescate, tales como la jubilación, incapacidad laboral total y permanente, situaciones de gran dependencia o dependencia severa o fallecimiento; en este último caso, los derechos adquiridos redundarán en favor de los herederos legales o beneficiarios expresamente designados. Existen, además, unos supuestos excepcionales en los que se reconoce la liquidez de los planes de pensiones, como enfermedad grave, desempleo de larga duración y más recientemente, desde el 1 de enero de 2015, por antigüedad de las aportaciones, permitiéndose la disponibilidad de fondos acumulados por aportaciones hechas con una antigüedad mínima de 10 años, supuesto que será efectivo con fecha 1 de enero de 2025. Excepcionalmente y debido a las consecuencias económicas que ha tenido la pandemia de la COVID-19, durante parte del año 2020, se permitió la liquidez en ciertos casos, ante la ausencia de ingresos por actividad laboral por cuenta propia o ajena y bajo determinados supuestos.

Los fondos de pensiones son los patrimonios financieros constituidos por las aportaciones a los planes de pensiones de los partícipes, así como por los rendimientos financieros que generen dichas aportaciones, administrados necesariamente por una entidad gestora. Utilizan las aportaciones de los partícipes a los planes de pensiones para realizar inversiones financieras adquiriendo activos de rentabilidad fija y variables, diversificando el riesgo y buscando la mayor rentabilidad, como intermediarios financieros que son.

Dependiendo de la Dirección General de Seguros y Fondos de Pensiones, cuyo organigrama ya hemos visto en el apartado anterior, las entidades gestoras de estos fondos son las encargadas de administrar los bienes que los constituyen.

Inicialmente están sometidos a la Ley 8/1987, de 8 de junio, y con posterioridad a la Ley 1/2002, de 29 de noviembre, por la que se aprueba el texto refundido de la Ley de Regulación de los Planes y Fondos de Pensiones, y también al Reglamento Real Decreto 304/2004, de 20 de febrero, de Regulación de los Planes y Fondos de Pensiones.

1.1.8. Seguridad Social

La Seguridad Social es un sistema público de cobertura de riesgos de carácter general, creado con el objetivo de incrementar el bienestar de los individuos. Como se explica en la propia página web de la Seguridad Social (www.seg-social.es), tiene antecedentes históricos en distintos sistemas de cobertura y previsión desde 1883, si bien no es hasta la llegada de la democracia y la aprobación de la Constitución de 1978, cuando se realizan las reformas necesarias, que aparece el sistema que conocemos actualmente; la propia Constitución, en su artículo 41, hace referencia a la obligatoriedad, por parte de los poderes públicos, de mantener un sistema público de asistencia y prestaciones sociales:

Artículo 41

Los poderes públicos mantendrán un régimen público de Seguridad Social para todos los ciudadanos, que garantice la asistencia y prestaciones sociales suficientes ante situaciones de necesidad, especialmente en caso de desempleo. La asistencia y prestaciones complementarias serán libres.

Desde entonces se han producido distintas reformas, con el objetivo de racionalizar la gestión del sistema, definir su financiación y universalizar su prestación, así como garantizar la estabilidad financiera y las prestaciones futuras. Merece especial mención el Pacto de Toledo, firmado en 1995 con el respaldo de todas las fuerzas políticas y sociales.

En los últimos años, la Seguridad Social ha ido incorporando las nuevas tecnologías, facilitando el acceso a la información y gestiones por parte del público. Esta modernización y digitalización en las gestiones recibió un fuerte y determinante espaldarazo con la aparición de la COVID-19 y la imposibilidad de acceder presencialmente a los servicios de la entidad.

Podemos decir que la cobertura del sistema de Seguridad Social tiene dos aspectos:

1. **Cobertura sanitaria** para todos los ciudadanos, incluyendo la financiación de los medicamentos.

2. **Sistema de previsión,** que garantiza la cobertura económica cuando acontece la jubilación o alguna otra circunstancia, como incapacidades e invalideces, orfandad, viudedad...

El sistema se financia a través de las cotizaciones sociales según dos tipos de regímenes: el General, que incluye a los trabajadores por cuenta ajena no sujetos a alguno de los especiales; y los Especiales, que afectan a los trabajadores por cuenta propia o autónomos, así como algunas actividades que, por sus características, no se incluyen en el General. En ambos casos, los trabajadores pagan unas cotizaciones que les garantizan ser perceptores de la cobertura sanitaria pública y universal, y permiten financiar las pensiones del momento; es decir, el sistema no permite el ahorro personal para el cobro de la pensión futura, sino que permite el pago de las pensiones presentes, percibidas por quienes ya están jubilados.

El envejecimiento de la población y la alta tasa de desempleo que caracterizan nuestra economía, han desembocado en una propuesta de reforma de las cotizaciones, que se verán incrementadas en los próximos años.

Mencionada con anterioridad, la página web proporciona información sobre la organización de la Seguridad Social, como el siguiente organigrama, y toda la normativa a la que está sujeta.

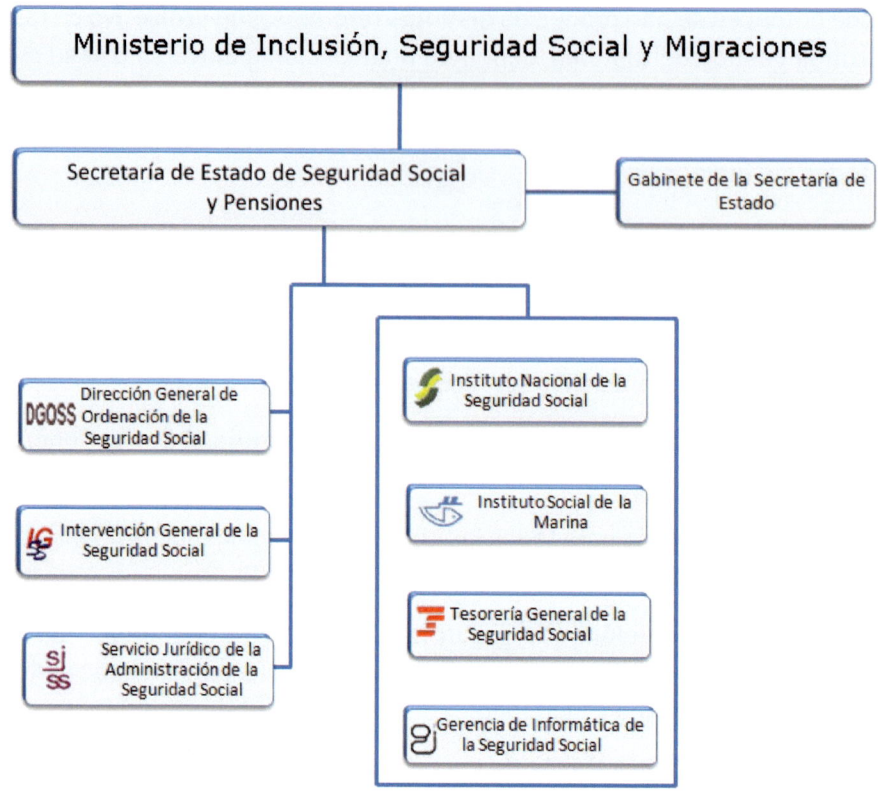

Imagen obtenida de https://www.seg-social.es/wps/portal/wss/internet/Conocenos/
QuienesSomos

1.1.9. Sociedades y fondos de inversión

Tanto las sociedades como los fondos de inversión son instituciones de inversión colectiva (IIC), cuya única actividad es la captación de fondos de ahorradores individuales, y gestionarlos de manera colectiva, buscando obtener el máximo rendimiento. La mencionada gestión pasa por invertir los fondos recaudados en distintos instrumentos, financieros o no, de manera que los ahorradores o partícipes rentabilicen los fondos entregados.

En todo caso, existen diferencias entre sociedades y fondos:

- Los **fondos de inversión** son entidades sin personalidad jurídica, que requieren de la participación de dos tipos de entidades para poder llevar a cabo su actividad: por un lado, su gestión y representación queda en manos de una sociedad gestora, perteneciente al grupo de Sociedades Gestoras de Instituciones de Inversión Colectiva (SGIIC), que tomará decisiones sobre los destinos de los fondos que invertir; y por otro lado, la de una entidad depositaria, que realiza la guarda y custodia de los valores depositados,

22

resultados de las decisiones de inversión, y que será una entidad de crédito o bien una sociedad o agencia de valores.

Los inversores adquieren participaciones del fondo, como parte proporcional del patrimonio total del mismo, que son comercializadas por una entidad financiera. El fondo invierte las aportaciones de los partícipes en activos, principalmente financieros, también llamados fondos de inversión mobiliaria.

- Las **sociedades de inversión** sí tienen personalidad jurídica, ya que son sociedades anónimas que realizan su propia gestión y representación, aunque necesitan igualmente de una entidad depositaria.

Los inversores adquieren parte del capital social de la empresa, obteniendo acciones de la misma; la compra y venta de acciones es gestionada por la sociedad de inversión, pero dichos valores han de ser depositados en otra entidad.

La Comisión Nacional del Mercado de Valores, supervisora de los fondos y sociedades de inversión, facilita una clasificación de los primeros en:

1. Fondos de inversión mobiliaria, que son los que invierten en activos financieros, como ya se ha comentado, de renta fija, variable o mixta, y

2. Fondos de inversión inmobiliaria, que invierten en activos no financieros (principalmente en inmuebles, adquiridos para su arrendamiento), con menor liquidez que los primeros.

Como instituciones de inversión colectiva, las sociedades y fondos de inversión están supervisadas por la Comisión Nacional del Mercado de Valores (CNMV), y sujetas a la Ley 35/2003, de 4 de noviembre, de Instituciones de Inversión Colectiva, modificada parcialmente por el Real Decreto 1464/2018, de 21 de diciembre, por el que se desarrolla el texto refundido de la Ley del Mercado de Valores.

1.1.10. Bancos hipotecarios

Los bancos hipotecarios son entidades de crédito dedicadas a la concesión de créditos y préstamos con garantía hipotecaria; esto es, con una garantía real, principalmente un inmueble.

La existencia de este tipo de bancos estaba orientada a la producción, no al consumo como los bancos comerciales, y obtenían liquidez con la emisión, principalmente, de cédulas hipotecarias: con ellas capta fondos del mercado, ofreciendo como garantía el bien hipotecado por el cliente a quien haya concedido el préstamo hipotecario. Un claro ejemplo de intermediación pura.

Con anterioridad ya señalamos que, en la práctica, todos los bancos privados pueden dedicarse a todas las áreas de negocio, desapareciendo la tradicional separación entre bancos comerciales e industriales. Por esta razón, los bancos hipotecarios han desaparecido de la escena española como entidades específicas e independientes, siendo absorbidos por los bancos comerciales, que cuentan con un departamento o sección hipotecaria.

En España existió el Banco Hipotecario Español, de titularidad pública, desde finales del siglo XIX hasta el año 1991, año en que quedó integrado en la Corporación Argentaria, posteriormente absorbida por el Banco Bilbao Vizcaya, dando lugar al BBVA conocido por todos.

1.2. Características y finalidad de los instrumentos financieros al servicio de la empresa

Las empresas son agentes económicos que actúan en el marco del sector privado de la economía; encargadas de la provisión de bienes y servicios al mercado, estarán obligadas a la contratación de recursos productivos, sin los cuales el proceso de producción y abastecimiento de los mercados resultaría imposible realizar.

Las empresas acuden a los intermediarios financieros en busca de rentabilidad, si disponen de excedentes de renta monetaria o superávits de tesorería, como serán denominados más adelante; pero también solicitan de ellos la financiación necesaria para que su actividad no se vea alterada o interrumpida.

En este apartado se dan a conocer las características de los distintos instrumentos financieros utilizados por las empresas y profesionales autónomos, para el desarrollo de su actividad productiva. Se trata, principalmente, de operaciones financieras por las que la empresa obtiene una financiación, bien para su activo circulante, bien para la adquisición de elementos de inmovilizado. Algunos serán desarrollados con más detalle en el Capítulo 4.

1.2.1. Créditos en cuenta corriente

Se trata de un límite de crédito que el banco pone a disposición del cliente en su cuenta corriente asociada. Este producto, comercializado por los bancos, está bajo la supervisión del Banco de España, en cuanto a la transparencia y protección del cliente.

Son operaciones financieras suscritas entre una entidad bancaria y una persona, física o jurídica, que llamamos cliente o titular. Este es una empresa o autónomo, ya que se trata de operaciones que suelen ser entendidas como necesarias para desarrollar una actividad empresarial o profesional (normalmente, cubren las necesidades de financiación de activo circulante); las entidades crediticias no suelen ofrecer este tipo de financiación a particulares para operaciones de consumo, como la adquisición de un coche o las vacaciones familiares, ni por supuesto la adquisición de vivienda.

La entidad financiera pone a disposición del cliente un determinado capital con un cierto límite, denominado **límite de crédito**. Se trata de cuentas de naturaleza deudora: el cliente va realizando sucesivas disposiciones del capital autorizado, por las que pagará los correspondientes intereses deudores. Estas disposiciones no pueden superar el límite de crédito concedido por la entidad, salvo expresa autorización de esta, siempre con carácter excepcional; en este caso, el exceso sobre el límite de crédito devenga unos intereses deudores a un tipo superior al aplicado al saldo no excedido, llamados intereses de excedidos o de descubierto, además de una comisión del mismo nombre por el mismo concepto.

Estas cuentas pueden presentar saldo acreedor de manera ocasional, que se liquidaría a un tipo de interés similar al de las cuentas corrientes a la vista. Esta posibilidad obedece a que el titular puede realizar devoluciones totales o parciales del importe concedido, en el momento que considere. Además, existe una comisión de saldo no dispuesto o comisión de disponibilidad: el cliente no paga intereses por el crédito no utilizado, pero sí paga una comisión por tener ese crédito a su disposición.

En el momento inicial, al abrir la cuenta, el cliente debe hacer frente al pago de la **comisión de apertura**, calculada como un porcentaje que aplicar sobre el límite del crédito, y a los **gastos de notaría**, derivados de la intervención del contrato por parte del fedatario público. Este último importe, que no es favorable a la entidad financiera, sí es provocado por ella, al requerir la intervención de un notario, elevando a público el carácter privado del contrato entre la propia entidad y el cliente, con el objetivo de fortalecer su posición acreedora en caso de incumplimiento por parte del deudor.

Normalmente, el contrato de cuenta de crédito tiene una duración máxima de un año, aunque puede pactarse un plazo superior entre las partes. Su renovación exige el pago de la comisión y gastos señalados anteriormente y correspondientes a la apertura, ya que cada renovación es considerada una nueva apertura.

Evidentemente, la negociación entre la entidad y el cliente puede eximir al último del pago de la comisión de apertura; incluso la intervención notarial podría no ser requerida, si el importe del límite de crédito no es muy elevado, o si la entidad considera suficientemente probada la solvencia del cliente.

En el Capítulo 4, se presta especial atención a las características y liquidación de este tipo de cuentas, resolviendo casos prácticos que permitirán profundizar en el conocimiento de este instrumento financiero.

1.2.2. Préstamos

Son operaciones financieras mediante las cuales el acreedor o prestamista entrega un capital al deudor o prestatario, quien se compromete a devolver dicho capital junto con los intereses correspondientes, en un único pago o varios, en un período determinado de tiempo.

Normalmente, el acreedor es el banco que presta el dinero o capital al deudor; este es una persona física o jurídica, con necesidad puntual de financiación, para la adquisición de cierto bien o servicio: la compra de un coche, nuevos equipos informáticos… En general, se trata de financiar la adquisición de elementos de inmovilizado. Los intereses constituyen el rendimiento que el banco exige al deudor, a cambio de entregarle el capital.

El tiempo pactado en el que ha de devolverse el capital, es el plazo del préstamo, y la amortización determina la forma de devolución del mismo, a través de unos pagos cuyo importe incluye parte del capital amortizado o devuelto y parte de intereses.

A continuación, enumeramos los elementos de todo préstamo que, decidido el tipo de amortización, permiten construir el cuadro de amortización:

- **Capital inicial** (C_0): es el nominal del préstamo, el importe que el acreedor entrega al deudor y que, financieramente, constituye prestación única.

- **Término amortizativo** (a_s): es la cuantía del pago correspondiente al períodos, que constituye la contraprestación; incluye devolución del capital e intereses.

- **Cuota de interés** (I_s): se obtiene aplicando el tipo de interés pactado al capital pendiente al inicio del períodos.

- **Cuota de amortización** (A_s): es el capital amortizado o devuelto durante el períodos.

- **Capital amortizado** (M_s): es el capital devuelto de forma acumulada, al final del períodos.

- **Capital pendiente** (C_s): es el importe del capital pendiente de devolver al final del períodos.

El mencionado cuadro de amortización es una tabla en la que colocar estos elementos y calcular sus valores, a lo largo de los n períodos que constituyan el plazo del préstamo; dichos valores dependerán del método de amortización elegido: pago único, términos amortizativos constantes o préstamo francés, cuotas de amortización constantes o préstamo italiano, términos amortizativos iguales a las cuotas de interés con devolución del capital al final de los n períodos o préstamo americano.

S	a_s	I_s	A_s	M_s	C_s
0	-	-	-	-	C_0
1	a_1	$I_1 = i \times C_0$	$A_1 = a_1 - I_1$	$M_1 = A_1$	$C_1 = C_0 - M_1$
2	a_2	$I_2 = i \times C_1$	$A_2 = a_2 - I_2$	$M_2 = M_1 + A_2$	$C_2 = C_0 - M_2$
.	.	.	.	.	.
.	.	.	.	.	.
.	.	.	.	.	.
N	a_n	$I_n = i \times C_{n-1}$	$A_n = a_n - I_n$	$M_n = M_{n-1} + A_n$	$C_n = C_0 - M_n = 0$

El capital inicial o importe del préstamo (C_0) debe coincidir con el valor actual descontado de la suma de los términos amortizativos o pagos (a_s):

$$C_0 = a_1 (1+i)^{-1} + a_2 (1+i)^{-2} + ... + a_n (1+i)^{-n}$$

Si el préstamo es francés, es decir, si los pagos son todos del mismo importe, la teoría de rentas financieras dice que la expresión anterior es equivalente a:

$$C_0 = a \; \frac{1 - (1+i)^{-n}}{i}$$

En ella, $a = a_1 = a_2 = ... = a_n$: el capital inicial es igual al valor actual de una renta financiera constante, de n términos, valorada al tipo de interés i.

Ejemplo:

Una empresa solicita a su entidad crediticia un préstamo por valor de 5500 € para la adquisición de equipos informáticos nuevos. La operación se pacta a un tipo de interés del 6 % y un plazo de 3 años.

Se quiere conocer el importe de los pagos que se deben realizar por parte de la empresa, siendo estos anuales y constantes.

Aplicamos la teoría de rentas para calcular el importe de las anualidades:

$$C_0 = a \; \frac{1 - (1+i)^{-n}}{i}, \text{ donde } a = a_1 = a_2 = a_3$$

$$5500 = a \; \frac{1 - (1+0,06)^{-3}}{0,06}$$

Operando obtenemos a = 2057,60 € , que es el importe que la empresa debe pagar al banco anualmente, y que incluye parte de amortización de capital y parte de intereses.

Completamos el cuadro de amortización:

S	a_s	I_s	A_s	M_s	C_s
0	—	—	—	—	5500
1	2057,6	330	1727,6	1727,6	3772,4
2	2057,6	226,34	1831,26	3558,86	1941,14
3	2057,6	116,46	1941,14	5500	0

Como ya habíamos señalado anteriormente, en la primera columna se indican los períodos de duración del préstamo pactados, existiendo un pago en concepto de devolución de capital más intereses en cada uno de ellos; nuestro préstamo es a 3 años, por lo que señalamos hasta 3 períodos. El período 0 se corresponde con el momento de concesión del préstamo, por lo que el único dato recogido en el cuadro es el capital pendiente, que es el importe total concedido por la entidad: C_0 = 5500 €.

En la segunda columna se registran los términos amortizativos del préstamo; esto es, los pagos periódicos que la empresa hace a la entidad cada uno de los tres años que tiene de plazo; dado que hemos considerado los pagos constantes, es decir, del mismo importe todos los años, hemos aplicado la teoría de rentas financieras para proceder a su cálculo, obteniendo un término amortizativo de 2057,6 €.

Vamos completando el cuadro por períodos, es decir, por filas:

En el período 1, calculamos la cuota de interés, aplicando el tipo de interés pactado en la operación (6 %) al capital pendiente al inicio del período 1, que es el mismo que al final del período 0 (5500 €): I_1 = 0,06 × 5500 €. Seguidamente, calculamos la cuota de amortización, como la diferencia entre el importe pagado (término amortizativo) y la cuota de interés: A_1 = 2057,6 € – 330 € = = 1727,6 €. El capital amortizado en este período (M_1) coincide con la cuota de amortización, y capital pendiente al final del período 1 es el capital pendiente al final del período 0 menos el amortizado en el período: C_1 = 5500 € – – 1727,6 € = 3772,4 €.

Completamos el cuadro de amortización:

Período 2:

I_2 = 0,06 × 3772,4 € = 226,34 €; A_2 = 2057,6 € – 226,34 € = 1831,26 €.

M_2 = 1727,6 € + 1831,26 € = 3558,86 €; C_2 = 5500 € – 3558,86 € = 1941,14 €

Período 3:

I_3 = 0,06 × 1941,14 € = 116,46 €; A_3 = 2057,6 € – 116,46 € = 1941,14 €

M_3 = 3558,86 € + 1941,14 € = 5500 €; C_3 = 5500 € – 5500 € = 0 €

El manejo de una hoja de cálculo facilita el cálculo de los componentes del préstamo, si bien la entidad bancaria, a la que se dirige la empresa, dispone de herramientas informáticas propias para suministrar a la empresa esta información.

Es muy importante diferenciar el préstamo bancario del crédito en cuenta corriente:

El préstamo obliga a la total disposición del importe solicitado por la empresa y concedido por la entidad bancaria, de manera que se devengan intereses, a favor del banco, desde el inicio de la operación; es una operación que puede ser suscrita por particulares, si está destinada a la adquisición de determinados bienes y servicios, como un coche, una vivienda...

El crédito en cuenta corriente se concede por parte del banco, por cierto importe; la empresa tiene libertad para disponer totalmente de él en el inicio de la operación, o bien ir haciendo disposiciones según la necesidad de liquidez; los intereses se pagan sobre el importe dispuesto. No es una operación susceptible de ser suscrita entre la entidad y un particular.

Ambas operaciones están bajo la supervisión del Banco de España, cuando son suscritas entre los agentes económicos, familias o empresas, y los intermediarios financieros bancarios.

1.2.3. Descuento bancario y descuento comercial

Analizamos de manera conjunta ambos epígrafes, al no existir apenas diferencia en la aplicación práctica entre descuento bancario y comercial.

El descuento, comercial y bancario, es una operación financiera de corto plazo, por la cual una entidad de crédito hace entrega a un cliente el valor actual de uno o varios capitales futuros. El cliente es, como norma, una empresa que ha adquirido derechos de cobro frente a un tercero o varios, y que acude a la entidad financiera a pedir que le anticipe el importe de los mismos. Esos capitales futuros están representados, en la mayor parte de los casos, por efectos comerciales: letras de cambio, pagarés...; de ahí la denominación de descuento comercial. El descuento bancario contemplaría la posibilidad de aceptar otro tipo de documentos que recojan deudas frente a terceros, como títulos de crédito, por ejemplo. Es decir, la diferencia entre comercial y bancario radica en los documentos que la empresa lleva al banco para solicitar su anticipo, en aras de conseguir liquidez.

El origen de la operación de descuento está en una compra venta en la que se ha admitido el pago aplazado; el vendedor, ante la necesidad de liquidez, pacta con la entidad financiera —el banco— el anticipo del dinero, asumiendo un coste en términos de intereses y comisiones. Dicha entidad cumple dos funciones fundamentales en este tipo de operaciones: una de financiación, al anticipar a la empresa el efectivo antes de su vencimiento, por la que cobra los intereses anteriormente mencionados;

la otra, de gestión de cobro, ya que, llegado el vencimiento de los efectos, debe proceder a su cobro, y que materializa en unas comisiones a cargo de su cliente.

La operación de descuento es analizada por la entidad financiera atendiendo a la solvencia de la empresa cliente; así, puede proceder a descontar de forma aislada una remesa de efectos, o bien llegar a abrir lo que se denomina una línea de descuento. Esta es un contrato en virtud del cual, entidad bancaria y empresa, acuerdan unas condiciones para varias remesas de efectos, siempre de un importe límite, y que evitan tener que analizar de forma aislada cada remesa que el cliente presente. Cabe mencionar que si, llegado el vencimiento de los efectos, se produce el impago de alguno, la entidad bancaria reclamará el importe a la empresa cliente, más los gastos de devolución, y será esta la que se ocupe de gestionar el cobro de la deuda; es decir, el banco realmente no asume el riesgo de impago.

El cálculo del descuento comercial se realiza con base en una ley financiera de descuento simple: $C_0 = C_n [1 - d (n / 360)]$. Atendiendo a esta ley financiera, podemos diferenciar los siguientes componentes del descuento comercial:

- **Descuento:** se denomina como tal el importe que cobra la entidad financiera por anticipar a la empresa cliente, el capital que representa el conjunto de efectos comerciales presentados.
  - $D = N \times d \times (n / 360)$, donde N es el nominal del efecto; d es el tipo de interés o tipo de descuento, expresado en tanto por uno, y n es el número de días naturales que median entre la fecha de descuento y la de vencimiento del efecto.

- **Comisión por gestión:** es el importe que cobra la entidad financiera por la función de gestión de cobro que realiza al vencimiento del efecto, y se obtiene como un porcentaje que aplicar al nominal del efecto. $[= N \times (c / 100)]$.

- **Otros gastos:** el banco puede considerar el cobro de gastos de operativa interna, derivada del descuento, como, por ejemplo, de correo. (G).

- **Impuestos:** el impuesto de actos jurídicos documentados (IAJD), representado por lo que se conoce como timbre, grava la función de giro del efecto comercial o el hecho de que sea nominativo «a la orden»; es el caso de las letras de cambio, que llevan el timbre ya en el momento de su emisión.

Teniendo en cuenta estos componentes, calculamos el **efectivo** (E) de cada efecto, por diferencia entre su **nominal** (N) y su **descuento** (D), lo que es equivalente a aplicar la fórmula escrita unas líneas más arriba, en la que C_0 es el capital en el momento actual (cuando se procede al descuento), y C_n es el capital al vencimiento. En realidad, la notación adecuada para la fórmula de cálculo sería:

$$E = N \left(1 - d \frac{n}{360} - \frac{c}{100} \right)$$

30

Una vez calculado el efectivo, descontados otros gastos y comisiones por efecto, y sumado todo, obtenemos el **líquido** de la remesa presentada al cobro por parte de la empresa; evidentemente, es un importe inferior a la suma de los nominales de todos los efectos: la empresa cede al banco parte de esa suma de los nominales, a cambio de no esperar al vencimiento de los efectos para disponer de liquidez.

Ejemplo:

Paco es el dueño de CHAPUZAS, S. L., una empresa dedicada a las reformas de viviendas, que ha cobrado su último trabajo mediante una letra de 15 000 € a 45 días. Dadas sus necesidades de liquidez, Paco ha decidido acudir a su banco a solicitar el descuento de dicha letra.

El banco le cobrará una tasa de descuento del 5 % anual y una comisión de 10 € por la gestión.

¿Cuál es el importe que se va a percibir por parte de la empresa CHAPUZAS, S. L.?

Empezamos calculando el DESCUENTO:

$$D = [N \times d \times (n/360)] - COMISIÓN = [15\ 000€ \times 0{,}05 \times (45/360)] - 10\ € = 83{,}75\ €$$

A continuación, calculamos el EFECTIVO que percibirá la empresa, como la diferencia entre el nominal de la letra y el descuento que cobra el banco:

$$E = N - D = 15\ 000\ € - 83{,}75\ € = 14\ 916{,}25\ €$$

1.2.4. *Leasing*

El *leasing* es, fundamentalmente, una *operación de arrendamiento*. Es un instrumento financiero a través del cual una empresa o profesional puede disponer de la utilización de un bien de equipo durante un tiempo determinado, sin necesidad de comprarlo; a cambio, debe proceder al pago de una cuota con la periodicidad pactada, a modo de renta. Finalizado el plazo, la empresa arrendataria puede:

- Hacerse con la propiedad del bien, ejerciendo la denominada **opción de compra**, consistente en el pago del valor venal del bien, fijado en el inicio de la operación.

- Suscribir un **nuevo contrato** sobre el mismo bien.

- **Devolver** el bien a la empresa de *leasing*.

El *leasing* es una operación flexible, en el sentido de que permite a las empresas financiar sus necesidades de uso de ciertos bienes, ya sean muebles o inmuebles, formalizando operaciones de pequeña cuantía o grandes importes.

Resulta, además, muy atractiva para las empresas y profesionales por cuenta propia, ya que estos pueden deducirse fiscalmente la totalidad del importe de la cuota que periódicamente han de pagar.

Podemos diferenciar tres tipos de *leasing*:

- *Leasing* **financiero**: es el más utilizado y el que se denomina en España como tal. La empresa arrendataria elige el bien y el proveedor, y se pone en contacto con la sociedad de *leasing;* esta se compromete a la cesión del uso del bien, pero no a su mantenimiento. Las condiciones del arrendamiento están especificadas en el contrato, que no puede ser cancelado de forma unilateral por la empresa.

- *Leasing* **operativo**: en este caso, no hay intermediación de una sociedad de *leasing.* El contrato de arrendamiento se realiza entre el proveedor del bien y la empresa interesada en alquilarlo. A cambio de las cuotas que esta paga, la empresa proveedora del bien se compromete, además de a ceder su uso, a efectuar el mantenimiento y reparaciones técnicas que sean necesarias, e incluso a la sustitución del bien por otro más moderno tecnológicamente.

- *Lease-back:* se trata de un caso particular del llamado *leasing* inmobiliario, en el que el bien financiado es un inmueble. Es una operación entre empresas, por la cual una de ellas le vende a la otra un bien, que luego le solicitará en arrendamiento; es decir, el bien es del cliente, que lo vende a la sociedad de *leasing* para posteriormente proceder a su arrendamiento. Con la operación, el arrendatario obtiene un incremento de recursos disponibles, pero continúa utilizando el mismo bien.

En la web del Banco de España, podemos encontrar información sobre el *leasing*: https://clientebancario.bde.es/pcb/es/menu-horizontal/productosservici/pymesautonomos/guia-textual/leasingrenting/Leasing_concep_336d071cbf28d51.html

El cálculo de la cuota correspondiente debe ser tal que incluya todos los gastos de la operación, así como el beneficio de la sociedad de *leasing* cuando esta interviene. En términos de matemática financiera, se obtiene como la cuota de una renta constante e inmediata:

a) Pospagable: las cuotas se pagan al final de cada período.

$$Valor\ del\ bien = Cuota \times \frac{1 - (1+i)^{-n}}{i} + Importe\ opción\ de\ compra\ (1+i)^{-n}$$

O lo que es lo mismo:

$$Cuota = \frac{Valor\ del\ bien - Importe\ opción\ de\ compra\ (1+i)^{-n}}{\frac{1 - (1+i)^{-n}}{i}}$$

b) Prepagable: las cuotas se pagan al inicio de cada período.

$$Valor = Cuota \times \frac{1-(1+i)^{-n}}{i} \times (1+i) + Importe\ opción\ de\ compra\ (1+i)^{-n}$$

O lo que es lo mismo:

$$Cuota = \frac{Valor\ del\ bien - Importe\ opción\ de\ compra\ (1+i)^{-n}}{\dfrac{1-(1+i)^{-n}}{i} \times (1+i)}$$

En la fórmula, n es el número de períodos que constituyen el plazo de la operación, e i representa el tipo de interés pactado en la operación.

Ejemplo:

La empresa ZETA se dedica al lavado y limpieza de vehículos, y necesita incorporar una nueva máquina. El valor de adquisición de la misma asciende a 20 000 € y la empresa decide alquilarla a través de una operación de leasing *con su entidad bancaria. Se pactan 5 cuotas anuales de arrendamiento, pagaderas al final de cada año, a un tipo de interés del 8 %. Si el valor residual es de 7500 €, ¿cuál sería el importe de cada cuota?*

Aplicamos la fórmula:

$$Cuota = \frac{Valor\ del\ bien - Importe\ opción\ de\ compra\ (1+i)^{-n}}{\dfrac{1-(1+i)^{-n}}{i}} =$$

$$= \frac{20\ 000\ € - 7500\ €\ (1+0{,}08)^{-5}}{\dfrac{1-(1+0{,}08)^{-5}}{0{,}08}}$$

El importe de 3730,71 € es el que pago que debemos realizar a la entidad al final de cada período, correspondiente una parte a intereses y otra a amortización del capital. Podemos elaborar el cuadro de amortización correspondiente:

Período	Cuota	Intereses	Amortización	Deuda pendiente
0	—	—	—	20 000
1	3730,71	1600	2130,71	17 869,29
2	3730,71	1429,54	2301,17	15 568,12
3	3730,71	1245,45	2485,26	13 082,86
4	3730,71	1046,63	2684,08	10 398,79
5	3730,71	831,90	2898,80	7500

Hemos construido el cuadro de amortización del leasing *de forma análoga al del préstamo. Observamos que, al final del último período, la deuda pendiente es el importe de la opción de compra del bien, que suele ser ejercitada en la mayor parte de los casos. Si así fuera, podríamos considerar el pago del período 5 incrementado en ese valor, esto es, 3730,71 € + 7500 € = 11 230,71 €, quedando ese último período del cuadro como sigue:*

5	11 230.71	831.90	2898.80	0

Al incluir el pago del importe correspondiente a la opción de compra, la deuda pendiente se anula. Al no estar afectado dicho importe de 7500 € por los intereses, los demás importes no varían.

Es un ejemplo sencillo de pago al final de cada período (renta pospagable), sin tener en cuenta impuestos.

1.2.5. *Renting*

Las operaciones de *renting* son consideradas una extensión del *leasing* operativo, si bien las primeras están a disposición de empresas y particulares, y el *leasing* está pensando únicamente para empresas.

En el *renting*, el arrendatario adquiere el compromiso de pagar una cuota periódicamente, durante el plazo pactado, a cambio de la utilización del bien de equipo correspondiente, cuyo mantenimiento corre por cuenta del arrendador. Si este no dispusiera del bien en *stock*, lo compraría y pondría a disposición del cliente.

Las condiciones del contrato de *renting* serán las pactadas entre las partes, con los límites establecidos por el Código Civil y el Código de Comercio, pero sin supervisión especial por parte del Banco de España, por no ser considerado un producto financiero.

La diferencia con el *leasing* operativo, es que en este la opción de compra existe en contrato obligatoriamente, mientras que en el *renting* puede darse dicha opción o no. De hecho, es habitual que tal opción de compra no se considere, ya que este tipo de arrendamiento se destina a bienes que quedan tecnológicamente obsoletos con cierta rapidez. El mercado automovilístico es el mejor ejemplo, aunque también se aplica con frecuencia a la adquisición de equipos informáticos.

Las cuotas incluyen la amortización, la carga financiera y los servicios como el mantenimiento o seguro. Para la empresa son fiscalmente deducibles, siempre que el elemento o bien arrendado tenga una afectación completa a la actividad empresarial o profesional. Para los particulares no existe la posibilidad de deducción fiscal, por lo que puede no resultar tan atractiva la operación en relación con la compra del bien.

1.2.6. *Factoring*

El *factoring* es un contrato por el que una empresa cede a una sociedad de *factoring* o factor las facturas consecuencia de las ventas realizadas. El objetivo es que la sociedad factor se encargue de la gestión de cobro de las mismas, pudiendo incluso financiar al cedente de dichas facturas.

Es una opción reservada para empresas con clientes muy solventes, ya que la entidad factor analiza la operación en función de los clientes de la empresa que le solicita el *factoring*. En este sentido, la empresa intermediaria debe conocer los datos contables y financieros de las empresas obligadas al pago de las facturas.

Existen dos tipos de operaciones de *factoring*, atendiendo al riesgo que asume la empresa factor:

- *Factoring* con recurso: el factor no asume el riesgo de impago de las facturas, por lo que si este se produce, puede actuar contra la empresa cedente, reclamándole el importe anticipado.

- *Factoring* sin recurso: el factor asume todo el riesgo de impago por parte del cliente, de manera que no puede reclamar a la empresa cedente, lógicamente, este tipo de cobertura encarece la operación, pero es este tipo de *factoring* el más extendido.

En realidad, es una operación que puede resultar similar al descuento bancario, aunque no se gestiona el cobro de efectos comerciales, sino de facturas, y si se contrata sin recurso, resulta mucho más caro para la empresa cedente, ya que en el descuento la entidad financiera no asume el riesgo de impago. Además, en el descuento el cliente puede decidir cuántos de los efectos comerciales que constituyen sus derechos de cobro descontar, mientras que en el *factoring* puede ser requerida la gestión de todas las facturas a cargo de un mismo deudor. Por otro lado, ante un determinado porcentaje de facturas impagadas, puede resultar más económico el *factoring* que el descuento.

Ejemplo:

Supongamos la empresa HACHE, que dispone de derechos de cobro sobre uno de sus clientes, y por necesidades de liquidez, decide solicitar el anticipo del importe de tres facturas con vencimiento 60 días, por un nominal total de 20 000 €.

Con la siguiente información, debe decantarse por solicitar un descuento bancario a su entidad crediticia, o bien una operación de factoring *sin recurso, asumiendo que la empresa intermediaria o factor (en este caso, el mismo banco), ya haya hecho el estudio de viabilidad del deudor y lo haya aceptado:*

- *Tipo de interés para ambas operaciones: 6 % (es el tipo de descuento y de anticipo en el* factoring*).*

- *Comisiones que cobra el factor: un 1 % sobre el nominal total, más 10 € por factura o efecto sin recurso.*

- *Comisiones que genera el descuento bancario: 5 € por factura o efecto.*

- *En ambas operaciones, la entidad anticipa el 100 % del nominal.*

Descuento bancario:

Líquido = Nominal × [1 − d (n / 360)] − Comisiones y gastos = 20 000 × [1 − 0,06 × × (60 / 360)] − (5 €/factura × 3 facturas) = 19 785 €

Factoring*:*

Líquido = Nominal × [1 − d (n / 360)] − Comisiones y gastos = 20 000 × [1 − 0,06 × × (60 / 360)] − (10 €/factura × 3 facturas) − (1 % − 20 000 €) = 19 570 €

Evidentemente, el factoring *resulta más caro para la empresa, ya que recibe menos importe anticipado. Sin embargo, este coste se ve compensado si se producen devoluciones, ya que en ese caso el descuento bancario genera una comisión adicional por efecto o factura devuelta, al no asumir el riesgo de impago la entidad bancaria; el* factoring *sin recurso sí lo hace y, por tanto, no genera más comisiones.*

Cabe la posibilidad de que la entidad bancaria o empresa de *factoring* no anticipe la totalidad del importe nominal, como en el siguiente caso:

Supongamos que la misma empresa del caso anterior, decidida a realizar la operación de factoring *sin recurso, se encuentra con que la entidad financiera o empresa factor no va a anticiparle el 100 % del nominal de las facturas, sino únicamente el 80 %. ¿Cuál será el líquido que se debe percibir por la empresa en el momento del anticipo?*

El nominal total de las 3 facturas asciende a 20 000 €, y la empresa factor anticipa el 80 % de este importe: Nominal anticipado = 80 % × 20 000 € = 16 000 €.

Líquido que percibir = Nominal anticipado × [1 − d (n / 360)] − Comisiones y gastos = 16000 € × [1 − 0,06 × (60 / 360)] − (10 €/factura × 3 facturas) − −(1 % × 20 000 €) = 15 610 €.

La empresa factor cobra la comisión de gestión de la operación, sobre el nominal total de la misma, pese a que este no sea totalmente anticipado por su parte. Si al vencimiento no existe ninguna incidencia en el cobro de las facturas, el factor reembolsará a la empresa el 20 % del nominal total que le fue retenido al inicio de la operación.

1.3. La Ley Cambiaria y del Cheque

Es la Ley 19/1985, de 16 de julio, Cambiaria y del Cheque, que consigue adaptar el ordenamiento sobre letras de cambio, cheques y pagarés, modernizando el derecho mercantil en el país y solventando la inseguridad jurídica existente por la legislación precedente en relación con los mismos.

En el siguiente enlace se encuentra el texto consolidado de dicha ley, con mención de las actualizaciones posteriores referentes a ciertos artículos: https://www.boe.es/buscar/act.php?id=BOE-A-1985-14880&p=20150703&tn=1#acientoseis.

El cheque, al que la mencionada ley dedica su Título II, comprendiendo los artículos del 106 al 167, ambos incluidos, es un medio de pago utilizado por particulares y empresas, y está asociado a una cuenta corriente bancaria. Es un documento por el cual la persona que lo emite (librador) da la orden a la entidad bancaria de la que es cliente (librado) de pagar cierto importe a otra persona beneficiaria (tenedor). Permite hacer frente al pago de sus transacciones comerciales, sin necesidad de utilizar el dinero físico, si bien tiene una fuerte competencia en otros medios de pago, como las tarjetas de crédito y débito, o incluso las transferencias bancarias.

El cheque es efectivamente un medio de pago y resulta pagadero, siempre que haya fondos suficientes en la cuenta corriente bancaria asociada; de no ser así, el banco procederá a su pago de forma parcial, en función de los fondos disponibles; en caso de no existir fondos, el tenedor del cheque tendrá derecho, no solo a su importe, sino también a la cuantía que se estableciera, previa denuncia ante las autoridades, en concepto de daños y perjuicios.

Una vez cumplimentado, el tenedor del cheque puede querer cobrarlo en efectivo, para lo que se debe dirigir una sucursal del banco librado, preferiblemente la misma sucursal librada que figura en el cheque; en otro caso, el cobro del mismo puede generarle gastos. Otra opción es cobrarlo ingresándolo en la cuenta corriente propia, dejando que sea su banco el que se ocupe de cobrarlo al banco librado.

No debe confundirse con el cheque bancario, documento similar pero cuyo cobro está garantizado, dado que es el banco el que lo expide, adeudando el importe correspondiente en la cuenta corriente de su cliente en ese mismo momento.

En el cheque aparece el nombre del banco obligado al pago (en la imagen Su Banco), así como la identificación de la cuenta corriente de cargo (Código Cuenta Cliente); el importe se consigna en número y en letra, prevaleciendo esta última en caso de conflicto; el lugar de emisión y la fecha, el nombre del beneficiario o en su defecto la cláusula «al portador», y el número de serie del cheque, que lo identifica como documento único.

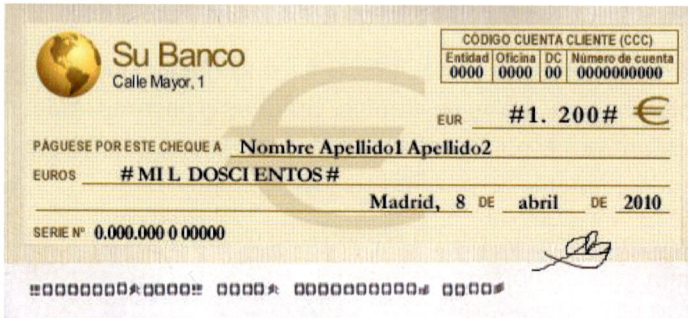

1.3.1. Requisitos formales

La validez del cheque está sujeta a las exigencias formales de la Ley Cambiaria y del Cheque, en los artículos 106, 107 y 108, según la cual es **imprescindible** que aparezca la **palabra cheque**, la **orden de pago** de cierto importe, el **nombre del librado** u obligado al pago, que forzosamente ha de ser un banco, así como la **firma del librador** o persona que expide el cheque:

Artículo ciento seis.

El cheque deberá contener:

Primero.– La denominación de cheque inserta en el texto mismo del título expresada en el idioma empleado para la redacción de dicho título.

Segundo.– El mandato puro y simple de pagar una suma determinada en pesetas* o en moneda extranjera convertible admitida a cotización oficial.

Tercero.– El nombre del que debe pagar, denominado librado, que necesariamente ha de ser un banco.

Cuarto.– El lugar de pago.

Quinto.– La fecha y el lugar de la emisión del cheque.

Sexto.– La firma del que expide el cheque, denominado librador.

*A partir del 1 de enero de 2002, no son pesetas, sino euros.

No es requisito formal esencial, aunque suele aparecer, la fecha de emisión, porque puede ponerla el propio beneficiario, pero sí es condicionante de los plazos para cobrarlo.

No son imprescindibles el lugar de pago ni el de emisión, como tampoco lo es el beneficiario; en este último caso, se considera el cheque pagadero «al portador». En el artículo 111 de la Ley Cambiaria y del Cheque se especifican las situaciones posibles en cuanto al beneficiario:

Artículo ciento once.

El cheque puede ser librado para que se pague:

a) A persona determinada, con o sin cláusula «a la orden».

b) A una persona determinada con la cláusula «no a la orden», u otra equivalente.

c) Al portador.

El cheque a favor de una persona determinada con la mención «o al portador» o un término equivalente, vale como cheque al portador.

El cheque que, en el momento de su presentación al cobro carezca de indicación de tenedor, vale como cheque al portador.

1.3.2. Cheques nominativos «a la orden» y cheques nominativos «no a la orden»

Cuando el cheque es **nominativo,** es decir, figura expresamente el nombre del beneficiario, empresa o particular, entonces puede ser transmitido a un tercero mediante el **endoso:** el beneficiario, en el reverso del cheque firma la transmisión del cheque, de forma que nombra un nuevo beneficiario de cobro.

Si en el cheque nominativo se ha incluido la cláusula «**a la orden**», puede ser endosado sin problema; en caso de impago, el documento conserva su validez jurídica para poder reclamar el abono del importe señalado.

Si el cheque nominativo contiene la cláusula «**no a la orden**», el cheque no puede ser transmitido a un tercero; y si lo fuera, este queda desamparado jurídicamente en caso de impago, al perder el cheque su validez.

1.3.3. Cheques al portador

En los cheques al portador, no se especifica beneficiario y, por tanto, es la persona que posea el cheque quien puede cobrarlo, sin requisito adicional alguno.

1.3.4. Fecha de emisión y vencimiento

Ya hemos comentado que la fecha de emisión es un requisito formal no esencial, aunque suele aparecer en el cheque. Cuando esto ocurre, se establece un plazo de 15 días desde dicha fecha, para presentar al cobro un cheque emitido en España, 20 días para un cheque emitido en el resto de Europa y 60 días para un cheque emitido en el resto del mundo, cualquiera de ellos pagaderos en España. Estos plazos se establecen en el artículo 135 de la Ley Cambiaria y del Cheque. Pasados los mismos, y siempre que el cheque no haya sido revocado, esto es, que el librador no haya dado orden de no pagarlo al banco librado, será potestad del propio banco atender su pago o no, según se establece en el artículo 138. Dentro de los plazos señalados, el cheque ha de ser pagado, sin que tuviera efecto una posible revocación.

Artículo ciento treinta y cinco.

El cheque emitido y pagadero en España deberá ser presentado a su pago en un plazo de quince días.

El cheque emitido en el extranjero y pagadero en España deberá presentarse en un plazo de veinte días si fue emitido en Europa y sesenta días si lo fue fuera de Europa.

Los plazos anteriores se computan a partir del día que consta en el cheque como fecha de emisión, no excluyéndose los días inhábiles, pero si el día del vencimiento lo fuere, se entenderá que el cheque vence el primer día hábil siguiente.

Artículo ciento treinta y ocho.

La revocación de un cheque no produce efectos hasta después de la expiración del plazo de presentación.

Si no hay revocación, el librado puede pagar aun después de la expiración de ese plazo.

En los casos de pérdida o privación ilegal del cheque, el librador podrá oponerse a su pago.

Respecto a la fecha de vencimiento, los cheques no suelen tener este dato, siendo pagaderos a la vista, es decir, en el momento de su presentación. En todo caso, hay algunos en los que figura tal fecha, como indicativa de fecha de cobro para el beneficiario.

1.3.5. Conformación, cruzado y transmisión

Anteriormente hemos comentado la transmisión del cheque nominativo mediante la figura del endoso, mencionando la diferencia entre los cheques «a la orden» y lo que son «no a la orden». Cuando el cheque es al portador, su transmisión no tiene relevancia, ya que no es necesario el endoso, sino la entrega a un tercero del propio cheque.

Respecto al **cheque conformado,** se trata de aquel en cuyo anverso la entidad bancaria obligada al pago, garantiza el mismo al beneficiario, haciendo explícita la palabra conforme y firmando. El pago está, efectivamente, garantizado, ya que el banco retiene el importe correspondiente al pago del cheque más las correspondientes comisiones, en la cuenta corriente de su cliente, el librador y en el mismo momento de su expedición. Es requerido por aquellos acreedores que pueden albergar ciertas dudas sobre la solvencia de alguno de sus deudores.

El **cheque cruzado** se denomina así porque en el anverso se trazan dos líneas paralelas en oblicuo, lo que impide el cobro en efectivo por parte del beneficiario, salvo que sea cliente del banco librado. Cruzar un cheque puede ser decisión del librador o del propio tenedor del cheque, y el objetivo es dificultar su cobro en caso de extravío. Según se recoge en el artículo 143, el cheque cruzado puede ser general o especial: el primero no explicita designación alguna entre las dos barras, o contiene alguna mención genérica, como «Banco» o «Compañía»; en el segundo caso, el especial, es el que contiene entre las barras el nombre de un banco específico.

Si además de estar cruzado, el cheque lleva la anotación «para abonar en cuenta», entonces solo puede ser cobrado por el beneficiario, ingresándolo en su propia cuenta.

1.3.6. Conocimiento de su poder ejecutivo y su fiscalidad

El cheque ha de ser pagado por el banco librado, incluso parcialmente si no hay fondos suficientes. Si en el plazo de tiempo anteriormente estudiado, el librado no paga el importe del cheque al tenedor, este puede reclamar al librador, a los endosantes y demás obligados al pago. Para ello, tal reclamación debe realizarse por medio de **protesto notarial o declaración equivalente**:

- **Protesto notarial**: acto por el cual un notario deja constancia del impago de un cheque, pagaré o letra de cambio.

- **Declaración equivalente**: declaración del librado, fechada y firmada en el propio cheque; o bien declaración fechada en cámara o sistema de compensación.

El protesto y la declaración equivalente quedan recogidos en los artículos 146 y siguientes:

Artículo ciento cuarenta y seis.

El tenedor podrá ejercitar su acción de regreso contra los endosantes, el librador y los demás obligados cuando, presentado el cheque en tiempo hábil, no fuera pagado, siempre que la falta de pago se acredite por alguno de los medios siguientes:

a) Por protesto notarial.

b) Por una declaración del librado, fechada y escrita en el cheque, con indicación del día de la presentación.

c) Por una declaración fechada de una cámara o sistema de compensación, en la que conste que el cheque ha sido presentado en tiempo hábil y no ha sido pagado.

El tenedor conserva sus derechos contra el librador, aunque el cheque no se haya presentado oportunamente o no se haya levantado el protesto o realizado la declaración equivalente. Si después de transcurrido el término de presentación llegare a faltar la provisión de fondos en poder del librado por insolvencia de este, el tenedor perderá tales derechos.

La figura del protesto notarial consistente en acudir a un notario para que confirme el impago del cheque, eleva a pública la reclamación del tenedor; esto dota de mayor fuerza ejecutiva dicha reclamación.

Podemos consultar los detalles de este poder ejecutivo en el texto de la propia Ley Cambiaria y del Cheque, en su capítulo VI, y en el portal de clientes del Banco de España (https://clientebancario.bde.es/pcb/es/menu-horizontal/productos-servici/efectivocheques/cheques/guia-textual/impago-cheque).

La tributación fiscal de los cheques a la orden o que hayan sido endosados está sujeta al impuesto de transmisiones patrimoniales y actos jurídicos documentados, en lo que esta última mención se refiere; es decir, dichos cheques obligan al pago de los timbres correspondientes a la transmisión del derecho de cobro. Para evitar el pago del mencionado impuesto, debe ser indicada en el cheque la cláusula «no a la orden».

1.4. La letra de cambio

La letra de cambio es un documento en el que se instrumenta el pago de una operación de compra venta realizada a crédito. En ella, una persona física o jurídica ordena a otra el pago de cierto importe a un tercero, en una fecha determinada.

Quien ordena el pago, emite la letra y la firma es el **librador**; es quien tiene el derecho de cobro del importe reflejado en la letra, o sea, el vendedor en una operación comercial. Quien está obligado al pago de la letra es el **librado,** que en la relación comercial sería el comprador solicitante del pago aplazado; el librado puede aceptar o no la letra, figura que analizaremos más adelante. Quien recibe el pago, el tercer interviniente, lo hace en nombre del librador y es un intermediario financiero, normalmente, su banco; es el **tenedor** de la letra.

La letra de cambio está sujeta a lo dispuesto en la Ley 19/1985, de 16 de julio, Cambiaria y del Cheque, en su Título I, en los artículos del 1 al 93, ambos incluidos.

Analizamos, a continuación, todas las características de la letra de cambio según la imagen de una.

1.4.1. Requisitos formales, defectos de forma

Según la Ley 19/1985, en la **letra de cambio** debe aparecer de forma expresa tal denominación, como se observa en la imagen anterior. También debe aparecer **la orden de pago** del importe correspondiente, que aparece expresado en número en la parte superior derecha y en letra en la parte central; prevalece el importe indicado en letra, en caso de no coincidencia. Debe consignarse **el nombre del librado** u obligado al pago, **el vencimiento** o fecha en la que ha de efectuarse el pago, el lugar en el que esto debe ocurrir y el nombre de la persona a quien ha de pagarse el importe de la letra. El librador, a la emisión de la letra, debe hacer constar el **lugar y fecha de libramiento**. En la imagen anterior, se observa en la parte inferior derecha el espacio habilitado para la **firma del librador**. En la parte inferior izquierda se lee la palabra ACEPTO y un espacio para una firma; esto es porque el librado puede decidir aceptar o no la letra, firmándola en el espacio señalado en el primer caso.

Estos requisitos se recogen en el artículo 1 de la ley:

Artículo primero.

La letra de cambio deberá contener:

Primero.– La denominación de letra de cambio inserta en el texto mismo del título expresada en el idioma empleado para su redacción.

Segundo.– El mandato puro y simple de pagar una suma determinada en pesetas* o moneda extranjera convertible admitida a cotización oficial.

Tercero.– El nombre de la persona que ha de pagar, denominada librado.

Cuarto.– La indicación del vencimiento.

Quinto.– El lugar en que se ha de efectuar el pago.

Sexto.– El nombre de la persona a quien se ha de hacer el pago o a cuya orden se ha de efectuar.

Séptimo.– La fecha y el lugar en que la letra se libra.

Octavo.– La firma del que emite la letra, denominado librador.

Una letra de cambio no será considerada como tal si carece de algunos de los requisitos expuestos, a excepción de la fecha de vencimiento (si no aparece, se considera a la vista), el lugar de pago (se tomará el que figure junto al nombre del librado) y el lugar de libramiento (se tomará el que figure junto al nombre del librador).

---

* Euros desde el 1 de enero de 2022.

1.4.2. Libramiento

El libramiento designa el inicio de la validez de la letra de cambio, como documento acreditativo de una relación cambiaria por la que ha de pagarse cierto importe, incluyendo en el documento así un derecho de crédito.

Se produce el libramiento en el momento en que el librador, que es el que concede el crédito al aplazar el cobro al que tiene derecho, toma esta decisión y consigna en el documento, como ya hemos explicado, la fecha, el lugar y su firma.

1.4.3. Fecha de emisión y vencimiento

La fecha de emisión es la de libramiento, la de emisión de la letra, y constituye uno de los requisitos formales del documento para resultar válido.

La fecha de vencimiento es la que indica cuándo ha de efectuarse el pago en los términos acordados. Si esta no figura, se considera que la letra vence a la vista. El libramiento de la letra puede realizarse explicitando una fecha fija de vencimiento, un plazo de tiempo a partir de esa fecha, a la vista (vence en el momento en que se presente al cobro, hecho que debe darse en el plazo de un año) o indicando un plazo de tiempo desde la vista. El vencimiento de la letra de cambio se recoge en los artículos del 38 al 42, ambos incluidos, de la Ley Cambiaria y del Cheque.

1.4.4. Cláusulas

Además de las cláusulas esenciales recogidas en el artículo primero de la Ley Cambiaria y del Cheque, existen unas cláusulas opcionales como las que se indican a continuación:

- **Sin gastos o sin obligación de protesto:** en este caso, la letra no pierde su fuerza ejecutiva en caso de no realizarse protesto notarial o declaración equivalente en tiempo y forma, ante el impago de la letra; permanecen intactas las acciones cambiarias que realizar contra el librado, endosante o avalista.

- **No endosable:** impuesta por el librador, esta cláusula no permite la transmisión de la letra por endoso.

- **Intereses:** solo puede incluirse en letras emitidas a la vista o a un plazo desde la vista; el librado queda obligado al pago del importe de la letra, más los intereses que se generen desde la fecha de emisión hasta su presentación al cobro; debe hacerse constar expresamente el tipo de interés.

- **Al propio cargo**: cuando librado y librador coinciden.

- **A la propia orden**: cuando librado y tenedor coinciden.

- **Al portador**: cuando el endoso figura en blanco o la letra es a la propia orden.

- **De domiciliación**: se determina que la letra será pagadera en el domicilio de un tercero, que normalmente es una entidad bancaria.

- **Indicación de avalista**: en el reverso de la letra se puede indicar el nombre de un avalista, que garantiza el pago de la letra, si se produce el impago.

1.4.5. Aceptación, aval, transmisión (endoso y cesión)

La **aceptación** de la letra es el acto por el cual el librado se reconoce obligado al pago, en lugar y fecha recogidos en la propia letra. Se produce cuando el librado firma la letra, que puede tener un espacio reservado a tal efecto, como en la imagen incluida al inicio de este punto; si no existe tal espacio, la simple firma del librado en el anverso de la letra será considerada como aceptación. Realmente, el librado no está obligado al pago antes de la aceptación.

La aceptación se produce cuando el tenedor de la letra la presenta al librado para su firma. Esto puede ocurrir en cualquier momento antes del vencimiento, salvo designio expreso del librador en la propia letra, y en aquellas emitidas a un plazo desde la vista, que deben presentarse a la aceptación en el plazo de un año desde la emisión.

Si el tenedor de la letra la presenta al librado para su aceptación, y este se niega a firmarla, el primero puede reclamar el pago al librador. El librado puede limitar la aceptación a una parte de la cantidad.

La figura de la aceptación puede consultarse en los artículos del 25 al 34 de la Ley Cambiaria y del Cheque.

Respecto al **aval**, este es una garantía del pago de la letra que presta una tercera persona, física o jurídica, y puede afectar a la totalidad del importe de la letra o a parte del mismo.

Esta garantía debe indicarse de forma expresa en la propia letra o en un suplemento de la misma, quedando sin efecto el aval en documento separado. En la letra, normalmente aparece la cláusula «por aval», figurando el nombre y firma del avalista o garante; si no apareciese tal cláusula, puede considerarse la letra avalada, si está firmada en su anverso por persona distinta del librado y del librador.

El aval debe indicar a quién cubre la garantía; en ausencia de tal indicación, se considera avalado el aceptante de la letra, y en su defecto el librador.

La existencia del aval obliga al avalista en los mismos términos que lo está el avalado. En caso de impago, el avalista no podrá utilizar en su favor las circunstancias que hayan llevado al avalado a no cumplir con el pago de la letra. De igual modo, si el avalista es el que paga la letra, pasa a tener los derechos derivados de la misma, pudiendo utilizarlos contra el avalado y todos los que sean responsables respecto a él, conforme a la Ley Cambiaria y del Cheque, artículos 35, 36 y 37.

La transmisión de la letra de cambio, tratada en los artículos del 14 al 24, ambos incluidos, puede hacerse de dos formas: a través de una cesión ordinaria de la provisión de fondos, y a través del endoso. Cuando la letra se haya librado con la inscripción «no a la orden» o expresión equivalente, su transmisión solo será posible a través de la cesión ordinaria; en cualquier otro caso, incluso si no está librada a la orden, prevalece el endoso.

- **Cesión ordinaria:** la provisión de fondos es el importe de la deuda por la que se ha emitido la letra; el librador puede incluir de forma expresa en la letra una cláusula que recoja su declaración de cesión de sus derechos sobre la provisión, es el tenedor de la letra el receptor de dichos derechos. Notificada la cesión, el librado solo puede pagar al tenedor, contra entrega de la letra.

- **Endoso:** es una declaración que se incluye en la letra, por la que el librador de la misma (o el último tenedor legítimo de la letra) explicita un mandato de pago a otra persona a la que transmite los derechos derivados de la letra. El endoso no puede ser parcial. Es endosable toda letra excepto las emitidas «no a la orden», que únicamente pueden ser objeto de cesión ordinaria. El endoso debe parecer en la letra con la firma del endosante; este garantiza la aceptación y el pago frente a futuros tenedores. El endosatario o nuevo tenedor está legitimado para exigir el importe de la letra en la fecha de vencimiento.

1.4.6. Fiscalidad de la letra de cambio

La letra de cambio está gravada por el impuesto de actos jurídicos documentados (IAJD), representado por lo que se conoce como timbre, y que corre a cargo del librador. Se pone cuando firma el librador, independientemente de que lo haya hecho o no el librado. Las letras se cumplimentan en papel timbrado, por lo que el impuesto se paga cuando se compra la letra; para otros instrumentos de pago/cobro sujetos al mismo impuesto, pero no cumplimentados en papel timbrado, serán necesarios los «timbres móviles» (sellos que se pegan en un documento con función de giro o sustituto de letra de cambio, por importe suficiente para el pago del impuesto de actos jurídicos documentados, IAJD).

El importe del timbre depende del de la letra, constituyendo este la base imponible del IAJD; si fuera inferior al adecuado, resta poder ejecutivo al documento. Si el vencimiento supera en seis meses la fecha de emisión, el importe del timbre será el correspondiente a duplicar la base imponible o importe de la letra.

Cuando se giran varias letras, normalmente, todas deben estar timbradas.

1.5. El pagaré

El pagaré guarda más similitudes que diferencias con la letra de cambio, como recoge la propia Ley Cambiaria y del Cheque en el Título I, en los artículos del 94 al 105.

1.5.1. Definición del pagaré

Un pagaré es un documento por el cual una persona, física o jurídica, se compromete al pago de cierto importe a otra persona, en una fecha determinada.

La persona que emite el pagaré y lo firma es la misma que está obligada al pago, conocida como **firmante o librado**. El otro interviniente mencionado es el **beneficiario o tenedor** del pagaré, a favor de quien ha de realizarse el pago. La fecha señalada para efectuar el pago es la fecha de vencimiento.

Puede aparecer también un **avalista**, cuando ha sido incluida garantía de pago por parte de un tercero.

1.5.2. Reconocer sus características

En el documento debe aparecer, según el artículo 94:

- La palabra pagaré de forma expresa.
- La promesa de pagar el importe señalado.
- La fecha en la que se ha de efectuar el pago o vencimiento y el lugar del mismo.
- El nombre de la persona a quien ha de pagarse el pagaré.
- El lugar y fecha de emisión o firma.
- La persona que emite el pagaré o firmante.

La no inclusión de alguna de estas características supone que no se trate de un pagaré, excepto cuando se omite la fecha de vencimiento (será considerado pagadero a la vista), el lugar de emisión (que será considerado el que figure al lado del firmante) o el lugar de pago (que será el de emisión).

1.5.3. Fecha de emisión y vencimiento

La fecha de emisión es la de la firma del pagaré, siendo una de las características que validan el documento.

Los pagarés son nominativos, es decir, indican el nombre de la persona física o jurídica a quien ha de pagarse. Si, además, incluye la cláusula «a la orden», entonces realizan función de giro, y si incluye la cláusula «no a la orden», se está prohibiendo su endoso o transmisión a un tercero.

Un pagaré que no sea nominativo y, por tanto, se considere al portador, no está recogido por la Ley Cambiaria y del Cheque ni, por tanto, cubierto jurídicamente en caso de impago.

Como en el caso del cheque y la letra de cambio, el impago admite el protesto notarial o la declaración equivalente.

La fecha de vencimiento es la señalada para el pago, y si no se indica en el documento expresamente, se considera emitido a la vista. En todo caso, todo lo relativo al vencimiento del pagaré queda regulado por la Ley Cambiaria y del Cheque (art. 96) en los mismos términos que el de la letra de cambio:

- Vencimiento «a la vista», que implica presentar el pagaré al cobro dentro del año siguiente a su emisión.

- Vencimiento «a un plazo contado desde la vista», por lo que deberá presentarse al cobro en el plazo establecido y dentro del año siguiente a la fecha de emisión.

- Vencimiento «a fecha fija», debiendo hacerse efectivo su pago en la fecha señalada.

- Vencimiento «a un plazo contado desde la fecha», presentándose al cobro en el plazo señalado a partir de la fecha de emisión.

1.5.4. Diferencias y analogías con la letra de cambio

Como se ha señalado en relación con el vencimiento, la Ley Cambiaria y del Cheque en su artículo 96 recoge la igualdad de tratamiento del pagaré y de la letra de cambio en otros muchos aspectos, como el endoso, el pago y la falta del mismo, etc. Esto nos da una idea de que existen muchas similitudes entre ambos documentos.

Como diferencias, cabe destacar que la letra es emitida por el acreedor de la operación o librador, mientras que el pagaré lo emite el obligado al pago o librado. Además, el pagaré es, jurídicamente, menos fuerte que la letra de cambio como medio de pago.

1.5.5. Fiscalidad del pagaré

El pagaré está sujeto al mismo impuesto que la letra de cambio, el de actos jurídicos documentados, excepto en el caso de que incluya la cláusula «no a la orden»; esta requiere ser firmada para resultar válida y cuando eso ocurre, el pagaré pasa a ser no endosable.

Al no documentarse el pagaré en papel ya timbrado, deben adquirirse los timbres móviles por el importe correspondiente. Es un sello que se pega al pagaré, cuyo importe se obtiene a partir de la escala referida en la ley para las letras de cambio, en función del importe por el que se ha extendido el pagaré, que conforma la base imponible o de cálculo del impuesto.

1.6. Otros medios de cobro y pago. Características y finalidad

A parte de los medios de pago explicados hasta ahora, cuyo funcionamiento está regulado por lo contenido en la Ley Cambiaria y del Cheque, las empresas disponen de otros instrumentos para realizar sus pagos, como el recibo domiciliado y la transferencia. La actividad y tamaño de la empresa determinará cuáles de estas herramientas de cobro y pago son más utilizadas en la práctica comercial diaria.

1.6.1. El recibo domiciliado

Un **recibo** es un documento por el cual se acepta el pago de cierta cantidad de dinero por un bien o servicio adquirido. Es emitido por el acreedor o beneficiario del pago, que lo envía al deudor u obligado al pago.

Que el recibo sea **domiciliado** supone que lo está en cuenta: el banco del acreedor envía el recibo al banco del deudor, que procederá a realizar un cargo en su cuenta por el importe indicado en el recibo; una vez efectuado el adeudo, **el banco del**

deudor efectúa el pago del recibo al banco del acreedor, que procederá a anotar un abono en la cuenta del mismo. Es decir, la domiciliación cede el protagonismo en la transacción a los bancos de las partes implicadas, acreedora y deudora.

Es importante destacar que para que pueda prosperar el pago de un recibo domiciliado, el deudor debe dar su consentimiento de forma explícita, firmando la denominada **orden de domiciliación;** con esta orden, el deudor acepta que el acreedor envíe cobros con cargo a su cuenta bancaria, al tiempo que da la orden a su banco de que atienda los pagos pendientes procedentes del banco del acreedor.

La domiciliación de recibos está regulada por la Ley 16/2009, de 13 de noviembre, de Servicios de Pago, cuyo objetivo era homogeneizar el sistema de pagos entre países, lo que quedó acreditado, el 1 de febrero de 2014, con la entrada en funcionamiento de la zona SEPA (Single European Payment Area). Los recibos domiciliados pasaron a denominarse adeudos domiciliados SEPA, y su emisión requiere la utilización de:

- Código IBAN (International Bank Account Number) correspondiente a la cuenta del deudor: se trata del mismo Código Cuenta Cliente de 20 dígitos, precedido de las letras ES para España y dos dígitos de control (ESXX XXXX XXXX XXXX XXXX XXXX)

- La orden de domiciliación o mandato, donde deben aparecer los datos del acreedor, la referencia del mandato (una por cliente deudor), los datos del deudor, incluyendo el IBAN, el texto que recoge los términos de la autorización, si el pago será único o recurrente, el lugar y fecha de autorización y la firma del deudor.

- La utilización de un fichero específico XML.

El sistema SEPA distingue dos tipos de presentación de recibos domiciliados:

1. El llamado Esquema Básico, que es obligatorio para las entidades financieras que ofrecen domiciliaciones, es el más utilizado, ya que es un sistema de presentación electrónica y automática, que permite el cobro de recibos de forma recurrente; es flexible porque puede ser utilizado con particulares y empresas; y contempla los siguientes plazos de devolución de los recibos: 5 días sin necesidad de especificar el motivo, 8 semanas cuando exista la autorización y hasta 13 meses cuando se trata de operaciones no autorizadas.

2. El Esquema B2B, que es opcional, por lo que no está tan generalizado su uso; no puede utilizarse con particulares, solo con empresas y autónomos y el plazo de devolución es solo de 3 días.

Se puede consultar el folleto SEPA del Banco de España, a efecto de dar a conocer las novedades, en: https://www.sepaesp.es/sepa/es/faqs/elmandato/

Cuando un acreedor dispone de varios recibos que presentar al cobro a través de su domiciliación, puede disponerlos todos en un mismo archivo para enviarlos al banco; es lo que se denomina **remesas bancarias**.

1.6.2. La transferencia bancaria

Se trata de un medio de pago muy utilizado no solo por las empresas, sino también por los particulares. Es una operación por la que, una empresa o un particular, da la orden a la entidad financiera, de la que es cliente, de enviar a un tercero cierto importe con cargo a su cuenta. Podemos identificar los siguientes intervinientes:

- **Ordenante:** la persona física o jurídica que realiza el pago (deudor).

- **Beneficiario:** la persona física o jurídica a favor de la cual se realiza el pago (acreedor).

- **Entidad financiera:** el banco o entidad de crédito que ejecuta la orden de pago emitida por el deudor a favor del acreedor.

Normalmente, la entidad carga en la cuenta que su cliente, el deudor, le haya indicado el importe correspondiente al pago que ha de realizar, especificando el objeto del mismo, si bien este dato no es imprescindible. Sí lo es la cuenta del beneficiario o acreedor, a la que enviar el dinero, y que no tiene por qué pertenecer a la misma entidad crediticia.

Según mención del Banco de España en su portal destinado a clientes de banca, https://clientebancario.bde.es/pcb/es/menu-horizontal/productosservici/serviciospago/traspasostransfe/, la mayor parte de las entidades crediticias consideran transferencias bancarias, además de las mencionadas, otras operaciones en las que no intervienen dos cuentas bancarias, como son:

- El ordenante acude a la entidad bancaria con el dinero en efectivo, para que sea enviado a la cuenta del beneficiario, perteneciente a otra entidad.

- El ordenante solicita de su entidad le sea adeudada en cuenta la cantidad correspondiente, y transferida a la entidad del beneficiario, que la percibirá en efectivo.

Ambas operaciones son conocidas como otras órdenes de pago o giros, y no incluyen en ningún caso los ingresos en efectivo realizados en cuentas de la propia entidad.

Existen distintos tipos de transferencias. Cuando la transferencia se da entre dos cuentas de la misma entidad, se denomina **traspaso interno;** las nacionales son aquellas en las que las cuentas de ordenante y beneficiario están en entidades en España; si uno de los mencionados intervinientes actúa desde fuera de España, se trata entonces de transferencias exteriores.

El cargo en la cuenta del ordenante se realiza en el mismo momento que se ejecuta la transferencia; sin embargo, el dinero no está a disposición del beneficiario de forma inmediata. En las transferencias nacionales pueden mediar hasta dos días hábiles cuando intervienen dos entidades bancarias diferentes; este plazo puede ser mayor cuando se trata de transferencias transfronterizas o exteriores, sobre todo, si alguna de las entidades crediticias intervinientes no pertenece a la Unión Europea.

Actualmente, sin embargo, cabe la posibilidad de realizar transferencias inmediatas, por las que el beneficiario dispondrá de forma inmediata de los fondos, incluso cuando su cuenta pertenezca a una entidad distinta de la del ordenante del pago. Tienen un límite en cuanto al importe que transferir (máximo 100 000 € desde el 1 de julio de 2020), han de realizarse en euros y no pueden anularse. La posibilidad de realizar este tipo de transferencias tiene que ver con la normativa del Banco Central Europeo que, en 2017, instauró el Target Instant Payment Settlement o TIPS, que permite las transferencias de fondos entre entidades, sin intermediarios, de forma directa e inmediata.

Desde enero de 2025, los bancos no pueden cobrar por las transferencias inmediatas comisiones superiores a las que cobran por las ordinarias; además, están obligados a ofrecer este tipo de medio de pago todos los días, incluyendo fines de semana, y el importe debe llegar a su destinatario en un tiempo máximo de 10 segundos. El objetivo es generalizar su uso, facilitando el traspaso de fondos de forma telemática y con menores costes.

A partir de febrero de 2014 con la entrada en vigor de la zona SEPA, ya comentada en el apartado anterior, la realización de transferencias exige la utilización del código de seguridad IBAN, acrónimo de International Bank Account Number; está compuesto por 24 dígitos, los dos primeros «ES» para el caso español, seguidos de dos dígitos de control; a continuación se incorpora la numeración relativa a la entidad, oficina y número de cuenta. Constituye la denominación de las cuentas de ámbito mundial.

Una modalidad de transferencia muy utilizada en los últimos tiempos es la que podemos realizar a través de un dispositivo móvil, gracias a Bizum: vinculando una cuenta de adeudo al teléfono móvil, con un simple mensaje permite enviar o pedir que nos envíen dinero; el importe se adeuda en la cuenta corriente del emisor y se abona en la del receptor.

En los tiempos que vivimos, sobre todo como consecuencia de las restricciones de movilidad a partir de 2020 y la pandemia de la COVID-19, han proliferado los medios de pagos y las gestiones, en general, realizadas por vía telemática. Cada vez resulta menos necesario el desplazamiento a las oficinas bancarias, hecho que las propias entidades animan a incrementar, con las fusiones, absorciones y concentraciones que protagonizan y que desembocan inexorablemente en la reducción del número de sucursales u oficinas presenciales.

1.6.3. Remesas electrónicas

Los avances tecnológicos han ido poniendo a disposición de compradores y vendedores los medios necesarios para poder llevar a cabo las transacciones comerciales, sin necesidad de la presencia física de las partes; en la actualidad, el comercio electrónico facilita la adquisición de bienes y servicios, reduciendo plazos de entrega y, en general, costes.

Los medios de pago, analizados a lo largo del capítulo, han pasado de materializarse en papel a hacerlo de forma electrónica en la mayor parte de los casos, y ello gracias a la modernización de las entidades bancarias, que han ido poniendo a disposición de sus clientes los instrumentos informáticos necesarios. Hoy, podemos realizar transferencias sin necesidad de acudir a la entidad, domiciliar recibos y, en general, gestionar nuestros cobros y pagos desde casa, a través de la banca *online*, que se comentará más adelante. Las restricciones impuestas necesariamente con motivo de la expansión de la COVID-19, en cuanto a la actividad productiva y relaciones sociales, han incrementado el número de gestiones realizadas de forma telemática, cuya demanda por parte de las empresas y particulares también ha aumentado considerablemente: quienes se resistían a aceptar las nuevas tecnologías en algunos apartados de la gestión de su empresa, o de la economía familiar, se han visto arrollados por la realidad imperante de confinamiento domiciliario, exigencia de cita previa para ser atendido presencialmente, tanto en organismos oficiales como en la banca, y la limitación de aforo en los locales.

Las remesas electrónicas son la agrupación de varios medios de cobro o pago en un mismo fichero; de ahí que puedan ser remesas de recibos domiciliados que el acreedor envía para su cobro, remesas de transferencias, incluyendo las nóminas del personal de la empresa, remesas de cheques y remesas de efectos (letras y pagarés), estas últimas para su descuento. En cualquiera de los casos mencionados, existe un contrato entre la entidad bancaria y el cliente, en el que se recogen las condiciones para poder enviar estas remesas al cobro o pago y las comisiones o gastos que puedan derivar a favor de la entidad, así como el tratamiento de los datos en el fichero correspondiente.

Las entidades bancarias proporcionan a sus clientes los instrumentos informáticos necesarios a través de sus páginas web y los contratos para operar por internet.

Todas las remesas deben incluir los siguientes datos:

- Nombre de la remesa.

- Datos del ordenante.

- Fecha de vencimiento.

- IBAN.

- Referencia a la orden de domiciliación SEPA.

- ID del presentador, una referencia que obtiene el presentador/ordenante de la remesa de su banco, a través del cual va a presentar los documentos al cobro/pago.

Existen también empresas que prestan servicios a otras, confeccionando sus remesas, sobre todo de recibos domiciliados, que tendrán que enviar igualmente a una entidad bancaria para su cobro.

1.7. Identificación de tributos e impuestos

Al inicio del capítulo, ya se comentó el papel que el Estado (y Administraciones públicas) desempeña como agente económico, que realiza un gasto en bienes y servicios que ha de financiarse a través de ingresos. De entre estos, la partida más destacada es la de los tributos, definidos como entregas dinerarias que los agentes económicos del sector privado de la economía (familias y empresas) están obligados por ley a realizar. Existen tres tipos de tributos: tasas, contribuciones especiales e impuestos.

Los impuestos son los tributos más importantes y constituyen un pago que personas físicas y jurídicas han de realizar obligatoriamente y sin contraprestación específica o individualizada.

La clasificación más importante de los impuestos es la que los divide en directos e indirectos. Los primeros son los que gravan la renta de las personas, físicas (IRPF) y jurídicas (impuesto de sociedades); los indirectos gravan la adquisición de bienes y servicios, y el más importante es el IVA.

Al efecto de completar la información aportada, puede consultarse la página de la Agencia Tributaria (www.aeat.es), así como su portal educativo (http://www.agenciatributaria.es/AEAT.educacion/Profesores_VT3_es_ES.html).

1.7.1. Identificación de declaraciones de IVA

El impuesto sobre el valor añadido (IVA) recae sobre las ventas afectando al consumo. Grava las ventas de bienes y servicios por parte de las empresas y profesionales autónomos, quienes lo repercuten a los consumidores; estos lo pagan al adquirir tales bienes y servicios, puesto que el impuesto incrementa su precio.

En la materia que nos ocupa, las operaciones de tesorería responden a la actividad comercial de la empresa o autónomo, que habrá de considerar el impuesto dependiendo de si se trata de la transmisión de un bien o servicio, identificando a los intervinientes en dicha operación.

Las empresas y autónomos están obligados a la presentación periódica de las autoliquidaciones de IVA, mediante el modelo 303. Normalmente, dichas autoliquidaciones se realizan trimestralmente, presentándose el modelo 303 entre los días 1 y 20 del mes siguiente al cierre del trimestre en abril, julio y octubre; el último trimestre del año se presenta entre los días 1 y 30 de enero del año siguiente. Este último período es también el de presentación del resumen anual en el modelo 390.

En algunos casos, recogidos en el artículo 71.3 del Reglamento del IVA (Real Decreto 1624/1992, de 29 de diciembre), las autoliquidaciones han de presentarse mensualmente.

En el enlace siguiente se recogen las instrucciones para el ingreso de las autoliquidaciones: https://sede.agenciatributaria.gob.es/Sede/todas-gestiones/impuestos-tasas/iva/modelo-303-iva-autoliquidacion_/instrucciones-2025.html

Y en este otro, tenemos un ejemplo del modelo 303: https://www.hacienda.gob.es/SGT/NormativaDoctrina/main/main_2017/anexo%20v%20-%20modelo%20303.pdf

1.7.2. Identificación de declaraciones de IRPF

El impuesto sobre la renta de las personas físicas es un impuesto directo, cuyo objeto es gravar la renta obtenida por los individuos, teniendo en cuenta sus circunstancias personales y familiares.

Afecta a los rendimientos de capital mobiliario que aparezcan a partir de las relaciones comerciales; por ejemplo, los intereses a favor del titular de una cuenta corriente están sometidos a gravamen por cuenta de este impuesto.

Las personas físicas que realizan actividades empresariales en régimen de estimación directa y en régimen de estimación objetiva deben realizar autoliquidaciones trimestrales del IRPF, a través de la presentación del modelo 130, los primeros, y el modelo 131, los segundos. Esto, además de la presentación de la autoliquidación anual según el modelo 100, común a todos los contribuyentes de este impuesto.

Con carácter general, los plazos de presentación trimestral son del 1 al 20 del mes siguiente al cierre del trimestre (abril, julio y octubre), y del 1 al 30 de enero del año siguiente, para el último trimestre del año. Para el caso de presentación con domiciliación, del 1 al 15 del mes siguiente al cierre trimestral (abril, julio y octubre) y del 1 al 27 de enero del año siguiente para el último trimestre.

El modelo 100 correspondiente a la autoliquidación anual del impuesto, tiene distintos plazos de presentación, según la modalidad de la misma, presencial o telemática, si se trata únicamente de confirmación del borrador facilitado por la AEAT o no, y si el resultado de la declaración es a favor del contribuyente o de Hacienda. En general, todos los plazos quedan comprendidos entre los primeros días de abril y el 30 de junio, del año siguiente al que se declara.

Autoevaluación

1.1. Los agentes económicos toman las decisiones en un sistema económico, y son:

a) Familias, empresas y entidades financieras.

b) Familias, empresas, entidades financieras y organismos internacionales.

c) Familias, empresas, el Estado (y Administraciones públicas) y las unidades de decisión que constituyen el sector exterior.

d) Familias y empresas.

1.2. Los intermediarios financieros:

a) Captan fondos de los ahorradores y se los prestan a las empresas.

b) Captan fondos de las unidades de gasto con superávit y los destinan a financiar a las unidades de gasto con déficit.

c) Solo prestan dinero a las familias y empresas, cobrando a cambio intereses y comisiones.

d) Solo son mediadores entre prestamistas y prestatarios.

1.3. Según las directrices de la CEE, los intermediarios financieros son:

a) Bancarios y no bancarios.

b) Bancos, cajas de ahorros y cooperativas de crédito.

c) Bancarios, aseguradores y de inversión.

d) De depósito, de carácter contractual y de inversión colectiva.

1.4. Para obtener liquidez, una empresa puede pedir a su entidad financiera:

a) Un préstamo.

b) Un crédito en cuenta corriente.

c) El descuento de efectos comerciales.

d) Todas las respuestas anteriores son correctas.

1.5. Una letra de cambio y un pagaré:

a) Son el mismo medio de pago, solo que la letra lleva timbre y el pagaré no.

b) Se diferencian en que la letra es nominativa y el pagaré al portador.

c) Es obligatorio que lleven indicado, de forma explícita, el lugar de pago del documento.

d) Se diferencian en que el pagaré lo emite el deudor y la letra el acreedor.

1.6. Señala si las siguientes afirmaciones son verdaderas o falsas:

a) El *leasing* y el *renting* son la misma operación, pero el *renting* solo se aplica a los automóviles.

b) El endoso es una figura que representa la transmisión de un cheque, pagaré o letra de cambio.

c) Un cheque cruzado solo puede abonarse en cuenta.

d) La conformidad de un cheque es garantía de que el acreedor cobrará el importe señalado.

1.7. Una transferencia bancaria:

a) Debe llevar indicado necesariamente, junto con el ordenante, el beneficiario y el importe, el concepto por el que se realiza.

b) Cuando se da entre dos entidades bancarias distintas en España, puede demorar dos días hábiles desde el cargo en cuenta del ordenante hasta que el beneficiario dispone del dinero.

c) Puede ordenarse en efectivo, independientemente de que la cuenta del beneficiario pertenezca a la misma entidad bancaria.

d) Se llama traspaso siempre, salvo que la cuenta del beneficiario esté en el extranjero.

1.8. Señala si las siguientes afirmaciones son verdaderas o falsas:

a) Los adeudos domiciliados exigen la firma del mandato u orden de domiciliación por parte del deudor.

b) Las transferencias bancarias solo las pueden ordenar empresas; los particulares domicilian recibos.

c) Las remesas electrónicas solo son de efectos comerciales para su descuento.

d) En las operaciones de tesorería se deben tener en cuenta las obligaciones tributarias en materia de IVA e IRPF.

1.9. El *leasing*:

a) Es una operación de arrendamiento.

b) Puede ser financiero, operativo o *lease-back*.

c) Al finalizar el contrato, la empresa puede ejecutar la opción de compra, firmar un nuevo contrato sobre el mismo bien o devolverlo a la empresa de *leasing*.

d) Todas las respuestas anteriores son correctas.

1.10. El *factoring*:

a) Es la misma operación que el descuento comercial, pero con facturas.

b) Es de dos tipos, con recurso o sin recurso, dependiendo del riesgo que asume la empresa denominada factor.

c) Suele solicitarlo cualquier empresa, grande o pequeña, para disponer de liquidez.

d) Una empresa cede a la empresa de *factoring*, solo para su gestión de cobro, las facturas consecuencia de las ventas realizadas. En ningún caso obtiene un adelanto del importe.

2. Confección y empleo de documentos de cobro y pago en la gestión de tesorería

Introducción

La actividad comercial de una empresa es la que da sentido a su propia existencia; de ahí la importancia de la contabilización de las relaciones con proveedores, con clientes y con intermediarios financieros, sobre todo los bancarios, por la cotidianeidad de tales relaciones.

La gestión de las operaciones de tesorería constituye uno de los pilares fundamentales en los que se asienta el buen funcionamiento de la empresa, dado el carácter dinerario de las relaciones anteriormente mencionadas. En este sentido, podemos considerar dicha gestión, incluso indicador de la salud financiera de la empresa, referente en la toma de decisiones.

En el Capítulo 1 se ha dado a conocer el marco normativo y regulador que afecta a las operaciones de tesorería, así como los medios de pago y cobro que caracterizan la gestión de la misma. El objetivo de este segundo capítulo es profundizar en la utilización de tales medios de pago y cobro, incidiendo en su confección que, en la actualidad, es principalmente telemática.

Contenido

2.1 Documentos de cobro y pago en forma convencional o telemática

Resaltada la importancia de la gestión de tesorería para el óptimo funcionamiento de la empresa, nos centramos ahora en la descripción de los medios de pago y cobro más utilizados en las empresas, para reflejar las relaciones económicas con otras empresas, con particulares, con las Administraciones públicas…

La decisión sobre los medios de pago y cobro que utilizar no resulta fácil en muchas ocasiones, presentando dudas para los propios gestores de la empresa. Estos se inclinarán por unos medios u otros, dependiendo de la operación de que se trate, de las necesidades de liquidez de la empresa…; es decir, será una elección distinta según la empresa y el momento en que se encuentre.

Cabe destacar que la mayor parte de estos medios de pago y cobro, tradicionalmente confeccionados en papel y de forma manual, han pasado en la actualidad a estar informatizados; las empresas llevan a cabo sus relaciones comerciales a través de internet, de forma *online*, para lo que las entidades bancarias han habilitado los instrumentos necesarios para darles cobertura.

Como consecuencia de la pandemia de la COVID-19, la transformación digital de las empresas, incluidos los bancos, ha recibido un importante empujón: la gestión y realización de trámites habituales en las empresas ya no volverá a verse en papel y con desplazamientos a las entidades correspondientes, en la medida en que puedan llevarse a cabo de forma telemática.

2.1.1. Recibos domiciliados *online*

En el Capítulo 1, hemos comentado qué son los recibos domiciliados; operaciones por las que el acreedor de la operación acuerda con el deudor que este ordenará a su entidad bancaria atender el pago de un cierto importe reflejado en un documento presentado por el acreedor a dicha entidad; el pago se carga en la cuenta del deudor, y se envía a la cuenta del acreedor.

Cuando el acreedor es una gran empresa o tiene un volumen de cobros importante, las entidades financieras ponen a su disposición **programas informáticos** adecuados para la domiciliación de recibos *online* (ficheros de cobro de recibos domiciliados). Un claro ejemplo es el de las empresas que suministran los servicios de telefonía, luz, gas, agua… Los individuos que tienen contratado alguno de estos servicios, acceden a que la empresa suministradora presente al cobro el importe acordado con la periodicidad acordada, según el contrato firmado entre ambas partes. Para los particulares supone la ventaja de preocuparse únicamente de disponer de saldo suficiente en cuenta, quedando justificado el pago con la anotación correspondiente, sin necesidad de que exista recibo físico. Para la empresa supone menores costes, al no tener que emitir los recibos físicamente, ni desplazarse hasta la entidad bancaria para ordenar la presentación al cobro de los mismos, además de agilizar la gestión con la utilización de internet y de incluir en el fichero todos los recibos derivados de la actividad comercial de la empresa.

En la operación intervienen las **entidades receptora** (a la que se envía el fichero con la remesa de recibos domiciliados) y la **domiciliataria** (en la que se procede al adeudo del recibo), además del **ordenante,** que es el acreedor que emite los recibos, y el **deudor,** que es quien ha firmado la autorización para que le sea adeudado en cuenta el recibo correspondiente.Para el correcto desarrollo de la operación, es imprescindible la existencia del mandato SEPA u orden de domiciliación, por la que el deudor autoriza que sea presentado el recibo con cargo a su cuenta, y ordena a su entidad bancaria dicho pago. La confección de los recibos exige la inclusión del código IBAN, que sustituye al Código Cuenta Cliente (CCC) de veinte dígitos, desde febrero de 2014.

La domiciliación de recibos *online* está sujeta al Reglamento de la Unión Europea 260/2012, de 14 de marzo, por el que se establecen requisitos técnicos y empresariales para las transferencias y adeudos domiciliados en euros: https://www.boe.es/buscar/doc.php?id=DOUE-L-2012-80471. También por el 2021/1230, de 14 de julio, relativo a los pagos transfronterizos en la Unión, y que deroga parcialmente el anterior: https://www.boe.es/buscar/doc.php?id=DOUE-L-2021-81054.

La empresa acreedora debe presentar los recibos a su entidad, en un fichero XML según la Norma ISO 20022, tanto en la modalidad SEPA CORE como en SEPA B2B. Si la empresa dispone del *software* adecuado, el fichero de elaboración propia; en otro caso, existen herramientas y programas en el mercado, así como empresas que prestan este servicio a terceros.

Una vez elaborado el fichero, la empresa debe acceder a su banca *online*, buscar la opción para el envío de remesas o ficheros SEPA, adjuntar el fichero y firmar digitalmente.

Para las empresas pequeñas y con un reducido volumen de cobros, las entidades financieras disponen de formularios específicos para cada deudor, en los que incluir varios recibos al cobro, a través de ficheros de facturación *online* de recibos domiciliados, que no exigen un programa informático determinado.

Las entidades bancarias proporcionan los ficheros para las remesas de recibos, únicamente a sus clientes. Existen empresas que prestan este servicio a terceros, facilitando herramientas para la confección de las remesas, e incluso el envío por correo electrónico.

Se trata de automatizar, desde una misma plataforma, dos pasos: la creación y envío de facturas *online*, y su cobro mediante domiciliación bancaria, previa autorización del cliente:

1. La empresa accede a la plataforma y crea la factura.

2. Se vincula el cliente con su IBAN y mandato SEPA; en algunos casos, la plataforma permite que este mandato pueda firmarse *online*.

3. Se selecciona la opción de cobro por domiciliación bancaria, indicando si este es único o recurrente, según se haya especificado en el mandato SEPA.

4. La plataforma genera y ejecuta el recibo SEPA, bien directamente, bien generando un fichero XML que la empresa debe enviar a su banco.

5. El cliente recibe aviso del importe que se le va a adeudar en su cuenta, y el cobro se produce de forma automática.

Se puede consultar la confección de los ficheros de remesas en las páginas de las empresas proveedoras del servicio, como, por ejemplo, My Gestión Centro de Asistencia: https://www.facturandoenlanube.com/realizar-remesas-de-recibos-sepa-xml.

2.1.2. Preparación de transferencias *online* para su posterior firma

Las transferencias bancarias, ya estudiadas con anterioridad, también han pasado a realizarse *online*, gracias al servicio de banca *online* que las distintas entidades financieras ponen a disposición de sus clientes. Estos acceden a dicho servicio utilizando las claves emitidas por la entidad para ello, específicas para cada cliente. A continuación, han de introducirse los códigos IBAN correspondientes a las cuentas de emisor y beneficiario de la transferencia, explicitando el importe por el que realizar la transferencia y, en su caso, el concepto al que responde la misma. Por último, será imprescindible la inclusión de la llamada **clave de operaciones**, código de seguridad para identificar al ejecutor de la transferencia como el cliente y titular de la cuenta de cargo; muchas entidades envían dicha clave a su cliente en el momento en que este elabora el documento de preparación de las transferencias, en aras de dotar de la máxima seguridad a la transacción.

Las transferencias bancarias, incluso *online*, son un medio de pago muy utilizado por particulares, si bien algunas empresas son reticentes a utilizarlas para su gestión de cobros, ya que no hay documento que acredite el compromiso del deudor a realizar el pago en fecha concertada; hay que esperar que cumpla su palabra y ejecute el pago por medio de la transferencia. Tampoco desde la perspectiva de los pagos es la mejor opción para las empresas, que soportarán una comisión impuesta por su entidad bancaria, y verán el importe cargado en su cuenta antes de que el beneficiario lo tenga abonado, es decir, antes del vencimiento del compromiso de pago.

Sin embargo, las empresas de cierto tamaño y con elevado número de transacciones de pago que realizar, suelen utilizar programas informáticos con los que preparar transferencias *online* para su posterior firma. El programa recoge un número de transferencias que realizar a distintos destinatarios, que la empresa presenta a la entidad financiera de la que es cliente para que proceda a su ejecución y, por tanto, al adeudo en cuenta del importe correspondiente a cada una de ellas. Confeccionada la remesa de transferencias, la empresa la envía a su entidad bancaria que, hechas las comprobaciones necesarias, la devolverá a su cliente para que la verifique y firme, autorizando así su ejecución en la fecha acordada. Este proceso se ha visto enormemente modernizado y agilizado, con la transformación digital de empresas y entidades bancarias: la elaboración, comprobación y autorización para la firma forman parte del mismo proceso *online*. Es una operación muy utilizada por grandes empresas, con plantas en distintas ubicaciones geográficas y con numerosas plantillas de trabajadores, para el pago de sus nóminas.

Además, es una operación en la que pueden intervenir más de una persona: quien confecciona la remesa (por ejemplo, el contable), y quien tiene firma para autorizarla (el gerente o director financiero).

2.1.3. Confección de cheques

Para la correcta cumplimentación de un cheque, se debe tener en cuenta la necesidad de que aparezcan todos los elementos llamados **requisitos formales**, estudiados en el Apartado 1.3:

- La palabra **cheque.**
- La **orden de pago** de cierto importe.
- El **nombre del librado** u obligado al pago (un banco).
- La **firma del librador** o persona que expide el cheque.
- El lugar y la fecha de emisión.

Los cheques se obtienen, físicamente, en talonarios o chequeras de veinte unidades, con la misma cuenta de cargo e igual número de serie, aunque cada cheque tiene distinta numeración. El cliente de la entidad rellena manualmente los datos correspondientes al beneficiario, importe, lugar y fecha de emisión, procediendo a la firma del documento; también incluye las posibles cláusulas que correspondan.

Al igual que con el resto de medios de pago y cobro, la empresa suele agilizar la confección de los cheques, solicitando a su entidad bancaria la provisión de la o las chequeras necesarias. Para ello, ha de transmitir a la entidad todos los datos imprescindibles para dicha confección. Cuando el cliente dispone de la chequera, transcurridos cuatro días hábiles normalmente, solo le resta incorporar la fecha, el importe, el beneficiario y la firma, para la total validez del cheque, ya que el resto de los datos habrán sido incorporados por la entidad bancaria.

En la imagen, se han señalado en negrita los datos cubiertos por la empresa, siendo el resto de confección telemática por parte de la entidad bancaria. Es relevante destacar que la fecha se ha consignado en letra, y así debe hacerse; además, limitando el importe, tanto en número como en letra, suelen añadirse los símbolos que se observan (#), con el objetivo de dificultar su manipulación fraudulenta.

BANCOPROPIO	CÓDIGO CUENTA CLIENTE (CCC)			
	Entidad	Oficina	DC	Núm. Cuenta
Avda. Grande 3				
11111 Pueblo	2222	3333	44	5555555555

Eur ....#**1450**#.......................... €

PÁGUESE POR ESTE CHEQUE A ......**TUCA, S.A.** ....

EUROS...**#MIL CUATROCIENTOS CINCUENTA#**...

....Pueblo, ...**cinco** ...., DE ...**octubre** ...., DE 20X4

SERIE AA Nº 0.000.000 0 0000 0   **FIRMA**

#0000000000#0000**0000**00000000#0000

Una vez el beneficiario de un cheque lo tiene en su poder, puede cobrarlo en efectivo, ingresarlo en cuenta o endosarlo a un tercero, siempre dependiendo de las cláusulas que incorpore o no dicho cheque.

Sin embargo, las empresas que utilizan este tipo de documento como medio de pago, suelen emitir los cheques nominativos y hacérselos llegar al acreedor físicamente, incluso cruzados y con la orden de ser abonados en cuenta, para mayor seguridad.

Los bancos disponen de programas que permiten la confección telemática de un tipo particular de cheques, los bancarios, sin que esto suponga la desaparición física de los mismos. Se trata de utilizar un programa para introducir los datos del beneficiario, el importe, lugar y fecha de emisión, pudiendo ser incluso la firma digital, pero el cheque sale impreso con todos los requisitos formales exigidos por la ley.

Una ventaja que tienen los cheques, como medio de pago, es que la inmediatez en su confección y entrega no se corresponde con el adeudo en cuenta: el beneficiario del cheque ha de esperar a recibirlo para poder tramitar su cobro, de forma que el deudor no tendrá cargado el importe en su cuenta hasta pasados unos días. Evidentemente, esta demora se torna en desventaja para el que ha de cobrar.

2.1.4. Confección de pagarés

La confección de pagarés exige, como en los cheques, la inclusión de unos requisitos formales, sin los cuales el documento quedaría invalidado como medio de pago y cobro. En el pagaré debe figurar:

- La palabra **pagaré** de forma expresa.

- La **promesa de pagar el importe señalado.**

- Lugar y fecha en la que se ha de efectuar el pago, dicha fecha es el **vencimiento.**

- El nombre de la persona a quien ha de abonarse el pagaré.

- El lugar y fecha de emisión.

- La persona que emite el pagaré o firmante.

De forma análoga a los cheques, las entidades financieras confeccionan los talonarios de pagarés telemáticamente, incorporando los datos que su cliente les haya proporcionado. Este finalizará la confección del pagaré, una vez obre en su poder, haciendo constar el lugar y fecha de emisión, el beneficiario, el importe, el vencimiento y, por supuesto, la firma de la persona que emite el pagaré, o de la autorizada como representante si se trata de una empresa.

El adeudo en la cuenta del firmante se producirá cuando el beneficiario presente el documento al cobro, en la fecha indicada como vencimiento. Si ha sido descontado por la entidad bancaria del beneficiario, será aquella la que proceda a presentar el pagaré al cobro.

Igual que en el caso de los cheques, desde la perspectiva del que paga, la ventaja de este medio de pago es que uno cumple con la obligación de pago, aplazando el adeudo en su cuenta del importe correspondiente.

En la imagen siguiente, en negrita, se indican los requisitos formales del pagaré que ha de cumplimentar el obligado al pago o firmante: el beneficiario (TUCA, S. A.), el importe que ha de percibir, tanto en número como en letra, el lugar (Pueblo) y la fecha (diez de agosto de 20X4) de emisión, la fecha de vencimiento (3 de diciembre de 20X4) y la firma de quien emite el pagaré.

Cuando el firmante es una sociedad, en nuestro ejemplo, MIEMPRE, S. A., la firma será la de persona autorizada. Normalmente, la empresa habrá solicitado a su banco la impresión de su nombre o razón social en el espacio de la firma. De no ser así, la firma del apoderado debe acompañarse del sello de la sociedad. Esto se da tanto en los pagarés como en los cheques.

BANCOPROPIO	CÓDIGO CUENTA CLIENTE (CCC)			
Avda. Grande 3	Entidad	Oficina	DC	Núm. Cuenta
11111 Pueblo	2222	3333	44	5555555555

Vencimiento ...3 .....de ....**diciembre** ...de 20X4   Eur .....**#5500#**......................... €

Por este pagaré me comprometo a pagar el día del vencimiento indicado

A........... **TUCA, S.A.** ....

EUROS...**#CINCO MIL QUINIENTOS#** ....

....**Pueblo, diez**......, DE......**agosto**...................., DE 20X4

SERIE AA Nº 0.000.000 0 0000 0   MIEMPRE, S. A.   **FIRMA**

#0000000000#0000**0000**00000000#0000

2.1.5. Confección de remesas de efectos

Nos referimos en este apartado a las remesas de efectos comerciales, entendidos como cheques, pagarés y letras de cambio, analizados todos en el Capítulo 1 de este manual. Estos efectos comerciales son utilizados por las empresas para documentar aquellas operaciones relativas a su actividad comercial, en las que se aplaza el pago.

Las remesas suponen la entrega a un intermediario financiero, una entidad bancaria, de un conjunto de efectos comerciales, bien para gestionar únicamente su cobro, bien para conseguir liquidez a través del anticipo del importe remesado.

Siendo esta última la opción más utilizada y de mayor interés en lo que a operaciones de tesorería se refiere, lleva asociado el cobro de intereses y comisiones por parte de la entidad bancaria, que se encarga de la presentación al cobro de los efectos en los correspondientes vencimientos.

Las entidades bancarias facilitan a sus clientes lo que se denomina un soporte magnético en el que incorporar las características de un conjunto de efectos comerciales que cobrar, y que luego enviará a dicha entidad para su descuento. Se trata de utilizar un fichero en el que incorporar los datos de los mencionados efectos; si estos son letras de cambio, pagarés o cheques, los documentos físicos deben adjuntarse con el fichero en el momento de la cesión a la entidad bancaria, además de un listado en el que quede reflejado todo el contenido de la remesa; este será el justificante de la entrega, el comprobante del abono de la misma y el documento utilizado por la empresa para el cuadre de las operaciones.

En el fichero se incluyen datos relativos a las facturas, las fechas de vencimiento y las entidades bancarias, tanto la emisora de la remesa como la correspondiente a la domiciliación. Los programas informáticos para la confección de las remesas están diseñados para que, incluido un efecto en una de ellas, no pueda volver a ser seleccionado para formar parte de otra.

Confeccionado el fichero y entregado a la entidad bancaria, esta procederá a abonar en cuenta del cedente, su cliente, el importe líquido correspondiente al descuento de efectos comerciales remesados. La liquidación será detallada en documento aparte, especificando intereses y comisiones, número mínimo de días que cobrar y, en su caso, los efectos que pudieran haber sido rechazados y las causas.

En el Capítulo 4 del manual, veremos ejemplos numéricos de operaciones de descuento de efectos comerciales.

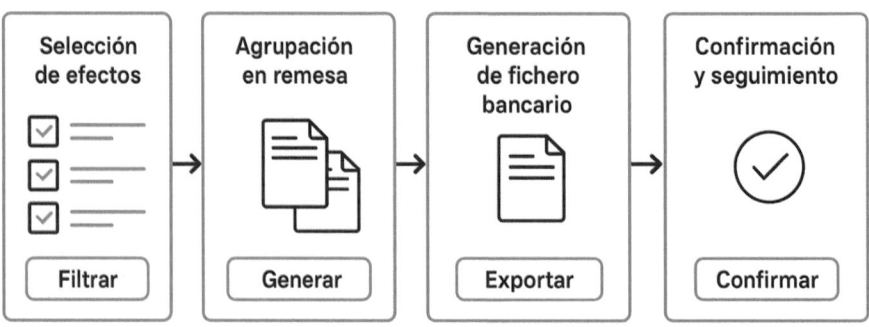

CONFECCIÓN DE REMESA DE EFECTOS

Selección de efectos	Agrupación en remesa	Generación de fichero bancario	Confirmación y seguimiento
Filtrar	Generar	Exportar	Confirmar

Para conocer el funcionamiento práctico de estos ficheros informáticos, se sugiere el acceso a la página web de alguna entidad financiera, o de una empresa suministradora de algún programa para la confección de remesas.

2.2. Identificación de operaciones financieras básicas en la gestión de cobros y pagos

La gestión de tesorería es considerada como parte fundamental de la gestión financiera de la empresa y, por tanto, de su buen funcionamiento. La gestión de cobros y pagos no hace referencia únicamente a la actuación racional de tratar de mantener el dinero en la empresa, aplazando en la medida de lo posible los pagos, pero agilizando los cobros. También son relevantes las decisiones sobre los instrumentos de financiación que se van a utilizar, según la facilidad de acceso, los plazos y, sobre todo, los costes; e igualmente lo son las inversiones necesarias para garantizar las obligaciones de pago, o para no disponer de excedentes monetarios improductivos.

En la actualidad, existen productos financieros que combinan la optimización en la gestión de cobros y pagos, con fórmulas de financiación, inversión e incluso seguros. Es el caso del *factoring* y el *confirming* que explicamos a continuación.

2.2.1. Operaciones de *factoring*

El *factoring* es un instrumento de financiación para la empresa, por el que esta cede la gestión de cobro de sus facturas a la empresa **factor**, normalmente una entidad financiera que, además de adelantar el importe de las mismas, analiza la solvencia de los deudores y puede llegar a asumir el riesgo de impago, si se trata de *factoring* sin recurso. Según la Asociación Española de Factoring, https://www.factoringasociacion.com/, el 85 % de las operaciones realizadas en nuestro país son sin recurso.

Dependiendo del riesgo que asume la empresa de *factoring* o factor, podemos distinguir:

- *Factoring* **con recurso**: si el deudor no paga, la empresa acreedora deberá reembolsar el importe de las facturas anticipadas a la empresa factor, que no asume el riesgo.

- *Factoring* **sin recurso**: en caso de impago por parte del deudor o deudores, la empresa factor o entidad financiera asume todo el riesgo, de forma que la empresa acreedora no tiene que preocuparse por dicho impago.

Si tenemos en cuenta la información facilitada al cliente/deudor, el ***factoring* será con notificación** si el cliente es informado de que su factura ha sido cedida al banco; será *factoring* **sin notificación,** aquel en el que no se informa al deudor de la cesión de sus facturas a la entidad financiera.

Los servicios que proporciona el *factoring* son:

- **Financiación:** es el anticipo del nominal de los créditos cedidos por la empresa al factor. Puede anticiparse entre el 80 % y el 90 % de la cartera. Puede llevarse a cabo por el sistema de descuento, cobrando los intereses por anticipado, desde la cesión a la fecha de vencimiento; o bien por el sistema de cuenta, con un funcionamiento parecido a una cuenta de crédito.

- **Cobertura de riesgos:** en el *factoring* sin recurso, la empresa factor se hace cargo de la cobertura del 100 % del riesgo de insolvencia del deudor.

- **Administración y gestión de cobro:** el primero facilita el control de los créditos cedidos, proporcionando a la empresa cedente toda la información necesaria y de interés sobre los deudores; la segunda se refiere al cobro de las facturas cedidas.

El coste de una operación de *factoring* está compuesto por los intereses que cobra la empresa factor, por el importe y plazo anticipados, así como unas comisiones que dependerán de los servicios que se contraten.

El *factoring* facilita liquidez a la empresa, mejorando la gestión de tesorería, al eliminar el riesgo de impagados, y agilizar la gestión de cobros. En este sentido, la factura electrónica ha sido clave en el incremento de la eficacia y eficiencia del sistema: minimiza los errores de gestión, dota de mayor seguridad a la empresa factor en su labor de comprobación del emisor de la factura, aumenta las posibilidades de financiación, favoreciendo el acceso a la misma de más empresas y aumentando el período de financiación respecto a las facturas en papel; además, es determinante en la reducción de costes para las empresas, pero también para las entidades de *factoring*.

2.2.2. *Confirming* de clientes

Se trata de una operación financiera por la que una entidad bancaria (o empresa de *factoring*) ofrece a sus clientes la gestión del pago a sus proveedores. En este caso, la empresa cliente del factor es el pagador de las facturas y no el acreedor; de ahí su denominación de *factoring* inverso (*reverse factoring*).

Con el *confirming*, el cliente acude a la empresa factor con las facturas que adeuda a sus proveedores, y que pagará a una fecha de vencimiento establecida en contrato, normalmente por transferencia o mediante pagaré. A los proveedores se les da la posibilidad de cobrar de forma anticipada las facturas, por cuenta de la empresa factor, o bien esperar al vencimiento.

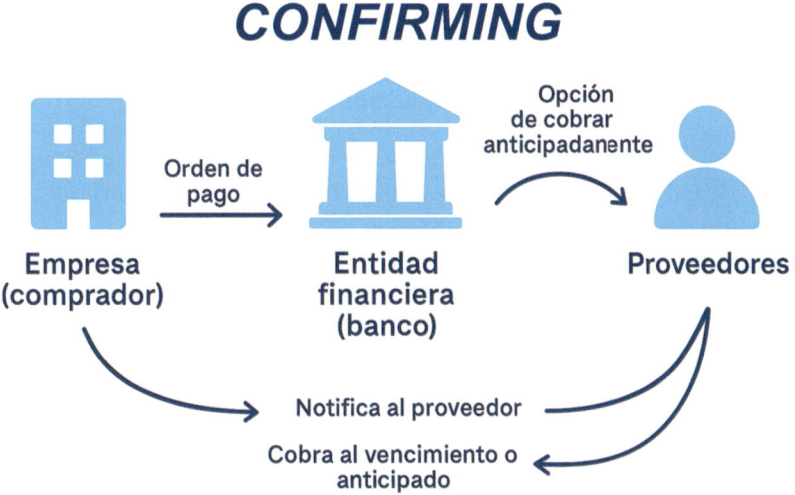

Para el cliente que acude a la empresa de *factoring*, la operación supone un coste en términos de las comisiones que correspondan por los servicios contratados para la gestión de los pagos; para los proveedores, el coste es un tipo de interés por el importe y plazo anticipados, así como una comisión por la gestión de cobro y la cobertura del riesgo. Esto es así, si el proveedor decide acogerse a la oferta del anticipo de los cobros que le plantea la entidad de su cliente. Si decide esperar al vencimiento de las facturas para cobrar, no tendrá que soportar ningún coste.

La empresa cliente optimiza la gestión de tesorería, al ser la empresa factor la que gestiona los pagos, además de no ver perjudicada su relación con los proveedores, que podrán cobrar sus facturas, aunque el cliente tarde más en pagar. Para los proveedores, además, se elimina el riesgo de impago, y la operación no está sujeta al impuesto de actos jurídicos documentados (timbre).

2.2.3. Gestión de efectos

La gestión de efectos hace referencia al conjunto de operaciones que tienen que ver con la administración, registro, control y cobro o pago de los **efectos comerciales: cheques, pagarés y letras de cambio.**

Conocidas sus características y requisitos formales, hemos comentado la mayor eficiencia en su gestión a través de las remesas de efectos que las empresas envían a las entidades bancarias de las que son clientes.

En la mayor parte de los casos, el objetivo es conseguir liquidez por medio del anticipo del nominal de tales efectos, previo descuento de intereses y comisiones por parte de la entidad. En menos ocasiones, se trata únicamente de ceder a dicha entidad la gestión de cobro de los efectos. Pero, sobre todo, supone un instrumento seguro de pago o cobro, al asumir la entidad bancaria el 100 % del riesgo de impago. Desde la perspectiva del obligado al pago, facilita la gestión y programación de los mismos, evitando posibles descubiertos en cuenta por falta de previsión.

La gestión de efectos compite en la actualidad con el *factoring*, como instrumento de gestión de cobro y anticipo del mismo para las empresas.

2.3. Cumplimentación de libros registro

Las empresas, dependiendo de su tamaño y características, están obligadas a la cumplimentación de determinados libros registro, que pueden ser distintos según se consulte la legislación al respecto en materia contable, mercantil o fiscal:

- Libros contables
  - Libro diario
  - Libro de inventarios y cuentas anuales
- Libros societarios
  - Libro de actas
  - Libro registro de socios (para sociedades limitadas, S. L.)

— Libro registro de acciones nominativas (para sociedades anónimas, S. A.)

— Libro de contratos del socio único (en sociedades unipersonales, S. L. U. o S. A. U.)

- Libros fiscales

— Libro registro de facturas expedidas

— Libro registro de facturas recibidas

— Libro registro de bienes de inversión

— Libro registro de determinadas operaciones intracomunitarias

Los libros fiscales son obligatorios para empresarios y profesionales, en cuanto a la obligatoriedad de presentar un registro de las operaciones con IVA y deben llevarse de forma separada a los libros contables.

Como se verá más adelante, la gestión de tesorería resulta más fácil y ágil cuando la empresa utiliza ciertos libros auxiliares que, sin ser obligatorios, permiten un mejor control de las entradas y salidas de dinero, es decir, de los cobros y pagos que realiza la empresa.

En general, existe una serie de libros que, no siendo obligatorios, agilizan la gestión interna y facilitan las auditorías, inspecciones fiscales o incluso el acceso a financiación ajena.

Cuando se trata de libros voluntarios, las empresas disponen de distintas posibilidades de formato para cumplimentarlos, siendo la utilización de hojas de cálculo la más extendida en la actualidad, por su sencillez en el manejo y por las amplias posibilidades que otorga como método de contabilización y archivo.

Es el caso de los libros registro de cheques, endosos y transferencias, que se mencionan a continuación.

2.3.1. Libros de cheques, de endosos y de transferencias

Las empresas tienen la opción de registrar los cheques, endosos y transferencias que realizan, si bien las de tamaño reducido no suelen llevar este registro al margen de las notaciones contables que les correspondan.

Los talonarios de cheques disponen de unas primeras hojas en las que proceder a la anotación del número del cheque, el importe y el beneficiario del mismo. Unido a la matriz del talonario, supone en sí mismo un registro suficiente con el que cotejar los apuntes contables correspondientes.

Para las empresas con un elevado volumen de pagos por este medio, existen programas que permiten la elaboración de un registro, como el que se puede consultar, por ejemplo, en http://help.sap.com/.

Igualmente, se puede elaborar un registro por parte de la propia empresa, en una hoja de cálculo como Excel.

Un ejemplo de registro puede ser la siguiente tabla:

N.º de cheque	Fecha	Concepto	Pago/Cargo	Comisión	Cobro/Abono	Saldo

Ya se ha estudiado la figura del endoso, y su aplicación sobre cheques, pagarés y letras de cambio, según la regulación recogida en la Ley Cambiaria y del Cheque. La empresa puede llevar un registro de estas operaciones, especificando las figuras de endosante (el tenedor del documento) y endosatario (quien resulta beneficiario del documento en la transmisión del mismo), el propio documento (entidad financiera, número y serie del cheque o pagaré, por ejemplo), importe y deudor (el obligado al pago).

Respecto a las transferencias, pueden registrarse por beneficiario, cuando la empresa realiza este tipo de operaciones con asiduidad y periodicidad. En el caso de la utilización de la banca *online*, la propia herramienta informática proporcionada por la entidad bancaria, facilita una opción para llevar el registro de transferencias; si son periódicas, el control se lleva a cabo con la consulta del extracto bancario, y si son esporádicas, siempre se puede consultar la plantilla de alguna realizada sobre la que modificar los datos necesarios.

Estos libros registro voluntarios facilitan la comprobación de los extractos y la conciliación bancaria.

La Asociación de Banca, con motivo de la entrada en vigor de la zona SEPA, en febrero de 2014, elaboró un folleto relativo a la ejecución telemática de estas operaciones, que se puede consultar en https://www.aebanca.es/operativa-bancaria/, en el apartado Folletos Pagos SEPA.

2.4. Tarjetas de crédito y de débito

Las tarjetas constituyen un medio de pago, coloquialmente conocido como «dinero de plástico». En el mercado existen distintos tipos de tarjetas, siendo las de débito y crédito las de mayor interés.

La **tarjeta de débito** es un instrumento de movilización de los fondos depositados en una cuenta bancaria a la que está asociada. Su objetivo es permitir el pago en comercios y retirar dinero de la cuenta asociada, bien en oficina o en cajero automático. En cualquier caso, el adeudo en cuenta por el importe de la compra o de la retirada de efectivo, es inmediato; por esta razón, la cuenta ha de tener saldo suficiente para realizar tales operaciones, que resultarán denegadas en otro caso. En este sentido, el límite de disposición de la tarjeta es el saldo disponible en cuenta; sin embargo, suelen llevar asociado un límite diario de disposición de efectivo en cajero, por motivos de seguridad. Los bancos las conceden a todos sus clientes, solo por el hecho de tener una cuenta con saldo disponible y cierto movimiento, ya que asumen un riesgo mínimo.

La **tarjeta de crédito** no requiere la tenencia de saldo suficiente en la cuenta a la que está asociada, ya que, como su nombre indica, otorga cierta línea de crédito a su titular: permite anticipar compras y efectivo, a cambio de devolver el dinero en el plazo pactado, con los intereses que correspondan.

El límite que se le asigna a la tarjeta de crédito depende del análisis de riesgo que la entidad hace del perfil del cliente. Prácticamente, todo el mundo tiene una cuenta bancaria, dispone de una tarjeta de crédito asociada; pero el límite de crédito disponible es el que la entidad financiera considera que el cliente es capaz de afrontar, si lo dispusiera completamente.

Son tarjetas más caras en términos de las comisiones que se pagan por su emisión y renovación que las de débito, además de los intereses que lleva asociados la disposición del crédito.

Algunas entidades bancarias permiten asociar a una tarjeta de crédito una cuenta de otra entidad, a la que enviarán los recibos domiciliados por el saldo dispuesto.

Hay tarjetas de crédito que no son emitidas por entidades bancarias, como las de algunos hipermercados y grandes almacenes. Detrás siempre hay una entidad financiera, así que su concesión está supeditada al mismo análisis de riesgos que cuando se le solicita al banco.

La **tarjeta de prepago** ha visto incrementado su uso con la normalización de las operaciones de compra de bienes y servicios por internet. Se trata de una tarjeta recargable con cargo a cuenta corriente, con las mismas características que las de débito; permite tener el saldo disponible para realizar la transacción por internet, pudiendo mantenerse a cero hasta la siguiente compra. Facilita así la gestión del gasto y también el control de la operativa, como prevención ante posibles fraudes. Precisamente esta seguridad es muy valorada a la hora de decidir disponer de dicha tarjeta de forma virtual, actualmente lo más habitual, y disponible en dispositivo móvil, evitando tener que disponer de la tarjeta física.

2.4.1. Identificación de movimientos en tarjetas. Punteo de movimientos en tarjetas. Conciliación de movimientos con la liquidación bancaria

Respecto a los movimientos de las tarjetas, podemos obtener un extracto de movimientos, con independencia de si la tarjeta es de débito, prepago o crédito. En las primeras, además, su utilización queda reflejada instantáneamente como anotación en la cuenta a la que está asociada. Consultados los movimientos de esta, las retiradas de efectivo aparecerán como «Disposición de efectivo en cajero» o expresión similar, dependiendo de la entidad de que se trate, identificando el lugar donde se ubica dicho cajero, la fecha y la hora de la extracción. Si se han realizado compras en comercios, pagadas con la tarjeta, el movimiento en la cuenta nos dará la información sobre el establecimiento en el que se realizó la compra, e igualmente, la fecha y hora de la operación.

La mayor parte de las empresas, incluso familias, gestionan los movimientos de sus tarjetas a través de la banca digital, con la utilización de una clave de acceso, usuario y PIN, proporcionada por su entidad bancaria. En el menú inicial, seleccionando la opción Tarjetas podrán elegir el contrato requerido para la comprobación de los movimientos y el punteo de los mismos en relación con la liquidación bancaria.

Hace no demasiado tiempo, la comprobación de los movimientos con la liquidación bancaria pasaba por tener los justificantes que comercios y cajeros proporcionan en papel. Si se daba alguna discrepancia, se podía solicitar de nuestro banco que realizase las gestiones oportunas a fin de obtener información de la entidad propietaria del cajero en el que no recordábamos haber retirado dinero, o del comercio cuyo nombre no reconocíamos. Dado que las tarjetas son personales e intransferibles, y los comercios tienen la obligación de comprobar la identidad de quien porta dicha tarjeta, en caso de posible denuncia de fraude, se podían solicitar las imágenes grabadas si había cámaras de seguridad, y los justificantes de compra con la firma autorizada. Esto último ya no es posible, con las nuevas tarjetas que incorporan un chip con la información del producto y que requieren la introducción del llamado código PIN o número de identificación personal. Actualmente, la tecnología *contactless* (sin contacto) permite la utilización de la tarjeta aproximándola al terminal o datafono, al igual que su disposición en el dispositivo móvil. Ya no es necesaria la firma de justificante al realizar una compra con tarjeta, ni tan siquiera el código PIN dependiendo del importe consignado.

En cuanto a las tarjetas de crédito, los movimientos pueden consultarse en su propio extracto, observándose en la cuenta asociada únicamente el importe correspondiente a los pagos acumulados en cierto período. Igual que en el caso anterior, eran los justificantes de cada operación los que permitían gestionar cotidianamente los pagos, facilitando el punteo y comprobación de las operaciones. En caso de discrepancias, como es el de las tarjetas de débito, se trataba de obtener duplicados de los justificantes y comprobantes de firmas. Hoy ya no hay dichos justificantes, y la información sobre los movimientos la podemos consultar utilizando la banca *online* de nuestra entidad, en la que consultar las operaciones realizadas con las tarjetas y comprobar su veracidad.

El **punteo de los movimientos en tarjetas** consiste en comprobar y verificar que los cargos y abonos realizados con las tarjetas coinciden con los justificantes, con la contabilidad y con los extractos bancarios.

Las empresas reciben de sus bancos los extractos de los movimientos de las tarjetas, que cotejan con los justificantes utilizando una hoja de cálculo en la que señalar la fecha de la operación, el comercio o proveedor, el importe de la operación, el justificante y si está comprobado y es correcto, o aún está pendiente.

La **conciliación bancaria** es la comprobación por parte de la empresa de la coincidencia entre los extractos bancarios y los apuntes contables. Se compara cada operación que aparece en el extracto con la correspondiente en la contabilidad, según fecha, importe y concepto. Si hay diferencia, puede ser porque esté pendiente de contabilizar alguna operación, y de esta forma puede regularizarse.

Para las empresas pequeñas que no tienen un elevado número de movimientos, una hoja de cálculo permite llevar a cabo la conciliación. Las empresas de mayor tamaño utilizan *software* contable o un sistema ERP (*Enterprise Resource Planning*), que incorporan módulos de conciliación automática al importar los extractos desde la cuenta bancaria.

2.5. Gestión de tesorería a través de banca *online*

Hace años, las personas, físicas y jurídicas solo podíamos realizar operaciones con una entidad bancaria, acudiendo a una de sus oficinas y aguardando turno. Con el paso del tiempo y la modernización de las entidades en nuestro país, se fue incorporando el servicio de banca a distancia, que permitía llevar a cabo solo ciertas operaciones, por teléfono o por banca electrónica.

La banca *online* constituye la adecuación de las relaciones entre el banco y sus clientes, a las que estos tienen con sus proveedores y clientes, a su vez. Y es que internet se ha convertido en el medio más rápido y eficaz de comunicación y de ejecución de operaciones, pese a los riesgos que se asumen en materia de seguridad.

El servicio de banca *online* se instrumentaliza en un contrato, por el cual el cliente recibe unas claves identificativas que le permiten el acceso al portal de clientes de la página web de su entidad. En ese contrato, se recogen las operaciones que se pueden realizar a través de la banca *online* y las condiciones que llevan asociadas, suponiendo un considerable ahorro de tiempo y costes. Además, cualquier operación ha de ser confirmada con la utilización de la clave de operaciones, específica para cada cliente y para la operación que se está realizando; algunos bancos la envían a través de SMS al teléfono móvil de su cliente en tiempo real, confirmando así su identidad.

La **banca** *online* es una herramienta que permite a la empresa gestionar la **tesorería de forma integrada,** mejorando la eficiencia y el control de la liquidez.

Algunas de las operaciones que se pueden realizar a través de la banca *online* ya han sido comentadas anteriormente:

- consulta de saldos y movimientos
- domiciliación de recibos
- remesas de efectos comerciales
- transferencias bancarias…

Permite un mejor control de las cuentas, la gestión masiva de cobros y pagos, así como de impuestos y seguros sociales, facilita la conciliación bancaria, la previsión de necesidades de financiación inmediata y la seguridad en las operaciones, al exigir firma electrónica y verificación a través de claves de seguridad.

Y, además, supone un considerable ahorro de costes, la minimización de errores manuales, así como mayor y mejor capacidad de planificación y toma de decisiones, al disponer de la información financiera en tiempo real.

2.5.1. Consulta de extractos

Los extractos bancarios recogen los movimientos de una cuenta bancaria, o de una tarjeta de crédito, a lo largo de un período de tiempo. Informan de la fecha de la operación, del concepto, del importe del adeudo o abono y del saldo que resulta después del mismo.

El apoderado encargado de la gestión de tesorería de la empresa, dispondrá de las claves de acceso otorgadas en contrato por la entidad bancaria. En el portal virtual de clientes de dicha entidad, tendrá la opción de consultar los extractos de las cuentas y tarjetas que sean requeridos.

Dependiendo de la entidad, se pueden visualizar los movimientos que reconoce como últimos, los del mes o los correspondientes a un intervalo de fechas que señale el cliente.

La banca *online* ha permitido que la consulta pueda realizarse sobre extractos de fechas anteriores a un año, si bien todo dependerá del número de movimientos que tenga la cuenta; en todo caso, se puede gestionar la descarga de los movimientos de cierta antigüedad. Las entidades limitan la antigüedad de movimientos que se pueden consultar, exigiendo una identificación al cliente, aunque ya se encuentre utilizando la banca por internet.

Con la consulta de extractos, la empresa puede llevar un control diario de sus cuentas, obteniendo una información relevante para la gestión de tesorería, en tiempo real:

- Control diario de cobros y pagos.

- Comprobación de coincidencia entre extractos y asientos contables (conciliación bancaria).

- Permite detectar las posibles incidencias con rapidez, facilitando su resolución (por ejemplo, la devolución de un adeudo domiciliado).

- Mejor planificación de tesorería, ya que permite conocer las posibles necesidades y excedentes de liquidez, a partir de los movimientos futuros en la cuenta.

2.6. Obtención y cumplimentación de documentos oficiales a través de internet

Como ya venimos comentando, internet ha supuesto una importante transformación de las relaciones comerciales y entre particulares, agilizando trámites, reduciendo costes y favoreciendo la comunicación.

Las relaciones de las empresas y de los individuos con los organismos oficiales, no podían quedar al margen.

Desde la creación de una empresa, que ya puede hacerse por internet (ver https://administracion.gob.es/pag_Home/Tramites/miEmpresaEnTramites/Iniciativas/CIRCE.html , del Centro de Información y Red de Creación de Empresas), hasta el pago de impuestos y seguros sociales, casi todos los trámites son posibles utilizando la red, siempre con las normas de seguridad recomendadas.

La utilización del DNIe, certificado electrónico o Cl@ve PIN, son los instrumentos disponibles para realizar transacciones seguras con las Administraciones públicas en todos sus niveles y departamentos.

La epidemia de la COVID-19 imposibilitó durante muchos meses las gestiones presenciales, e instauró la necesidad de solicitar cita previa con la antelación suficiente, una vez restablecida la atención presencial al público en las dependencias de los organismos oficiales públicos, pero también de empresas de prestación de servicios, como la propia banca.

La necesidad de disponer de alguno de los instrumentos de firma electrónica segura mencionados, ha llevado a algunas empresas a ofrecer el servicio de la gestión de la obtención del certificado electrónico sin necesidad de que el solicitante se desplace.

El certificado electrónico se obtiene a través de la Fábrica Nacional de Moneda y Timbre (FNMT). Actualmente, se permite la obtención del mismo por parte de los ciudadanos sin necesidad de acudir presencialmente a la Agencia Tributaria para finalizar el proceso que se inicia en la propia sede electrónica de la FNMT. (https://www.sede.fnmt.gob.es/certificados).

Podemos mencionar la obtención de documentos oficiales a través de internet, según el organismo considerado:

- Agencia Tributaria (AEAT):
  - Descarga de modelos oficiales de impuestos (modelos 111, 115, 303, 200, etcétera).
  - Obtención de certificados tributarios.
  - Cumplimentación y presentación telemática con certificado digital o Cl@ve PIN.
- Seguridad Social (TGSS):
  - Descarga de RLC/RNT (antiguos TC1 y TC2).
  - Presentación de cotizaciones (Sistema RED).
  - Solicitud de vida laboral y certificados de empresa.
- Registro Mercantil:
  - Presentación de cuentas anuales.
  - Solicitud de notas simples e información registral.
- SEPE (Servicio Público de Empleo Estatal):
  - Certificados de empresa.
  - Solicitud de prestaciones.
- Ministerio de Trabajo y Economía Social:
  - Inscripción de contratos laborales.
  - Comunicación de altas y bajas.

Los organismos oficiales ponen a disposición de las empresas **formularios electrónicos,** que pueden rellenarse de tres maneras:

- Descarga en PDF autorrellenable (por ejemplo, modelos de Hacienda que se cumplimentan en Acrobat).

- Cumplimentación en sede electrónica (por ejemplo, presentación telemática del Modelo 303 de IVA).

- Integración con ERP o *software* autorizado: algunos programas permiten generar automáticamente los modelos y presentarlos a través de una interfaz de programación de aplicaciones [por ejemplo, el Suministro Inmediato de Información (SII) del IVA].

Ya hemos comentado la necesidad de disponer de certificado digital, DNIe o CI@ve PIN, para la identificación del representante legal de la empresa. Además, se requiere conexión segura (https) a la sede electrónica del organismo correspondiente y, en ocasiones, programas auxiliares de ayuda, como los que la AEAT pone a disposición del contribuyente para la presentación de impuestos.

La obtención y cumplimentación de documentos oficiales por internet permite a las empresas hacer frente a sus obligaciones fiscales, laborales y mercantiles de forma automática, asegurando el correcto cumplimiento de las normas, e incrementando su eficiencia.

Autoevaluación

2.1. La diferencia entre una tarjeta de débito y una de crédito:

   a) Es el límite de disposición de dinero en efectivo en cajero. La de débito tiene más límite, al ser este el saldo disponible en cuenta.

   b) Es la inmediatez de adeudo en cuenta de la operación realizada: en las de débito, el adeudo es instantáneo, mientras que en las de crédito no se produce hasta transcurrido el plazo pactado en contrato con la entidad bancaria.

   c) Es la cuenta asociada: aunque pertenezcan al mismo titular, la de crédito se domicilia en otra entidad distinta a la que la emite.

   d) Ninguna de las respuestas anteriores es correcta.

2.2. Las remesas de efectos comerciales al cobro:

   a) Solo pueden presentarse a la entidad bancaria para su descuento, físicamente.

   b) Pueden presentarse a la entidad bancaria para su descuento, nunca para su gestión de cobro, en un fichero de soporte informático, transmitido a la entidad telemáticamente.

   c) El fichero que incorpora los efectos comerciales, bien para su descuento, bien para su gestión de cobro, debe ir acompañado de los documentos físicos cuando se trate de letras de cambio, pagarés o cheques.

   d) Los cheques no constituyen parte de una remesa de efectos.

2.3. Las transferencias bancarias *online*:

   a) Tienen los mismos intervinientes que las ordenadas en la sucursal bancaria de manera presencial.

   b) Requieren la confirmación utilizando la llamada clave de operaciones.

   c) Demoran hasta dos días hábiles, desde el cargo en la cuenta del deudor hasta que el beneficiario puede disponer del dinero.

   d) Todas las respuestas anteriores son correctas.

2.4. En la confección telemática de pagarés:

a) La entidad financiera incorpora los datos identificativos del pagaré, pero el firmante tiene que proceder a completar los relativos al beneficiario, importe, vencimiento y lugar y fecha de emisión y de cobro.

b) Agiliza la emisión de dichos documentos, ya que, de otra manera, el firmante puede tener que cumplimentar el código completo de la cuenta de adeudo, así como la numeración del pagaré.

c) Debe incorporar la palabra «pagaré» al texto del documento, para que este resulte válido.

d) Todas las respuestas anteriores son correctas.

2.5. Cuando un cliente pide un talonario de cheques a su entidad bancaria:

a) Esta le proporciona una chequera con veinte cheques, en los que únicamente figura el código completo de la cuenta de adeudo.

b) Esta le proporciona una chequera con veinte cheques, con los datos necesarios para considerarlo documento cambiario, a falta de beneficiario, importe, lugar y fecha de emisión y firma del deudor.

c) Esta le proporciona únicamente el número exacto de cheques que necesita para realizar los pagos del momento.

d) Esta le sugiere otro medio de pago, que difiera el pago por su parte del importe correspondiente.

2.6. Una de las ventajas del *confirming* para el cliente es:

a) Que no entra en conflicto con los proveedores, por aplazar el pago de sus facturas.

b) Que anula el riesgo de impago de las facturas.

c) Que no tiene por qué esperar al vencimiento; la empresa intermediaria anticipa el importe de las facturas.

d) No tiene ventajas, porque ya ha proyectado una mala imagen frente a sus proveedores.

2.7. El punteo de los extractos de las tarjetas:

a) Permite comprobar las operaciones anotadas como pagos a lo largo de un período de tiempo.

b) No se puntean los extractos, solo se comprueba que cuadran con los registros de tesorería.

c) Ralentiza las labores de gestión de tesorería, al depender del envío de dichos extractos por parte de la entidad bancaria.

d) No procede en el caso de tarjetas de débito, para las que el punteo se realiza sobre el extracto de la cuenta asociada.

2.8. El *factoring* y el *confirming*:

a) Son operaciones de financiación.

b) Podemos considerarlas operaciones inversas: el *factoring* financia al cliente acreedor, y el *confirming* financia al cliente deudor.

c) Ambas contemplan la cobertura de riesgos entre los servicios prestados.

d) Todas las respuestas anteriores son correctas.

2.9. La domiciliación de recibos *online*:

a) Exige la utilización de un *software* específico, solo para los ficheros de cobro de recibos domiciliados, que son los utilizados por las grandes empresas.

b) No la utilizan las pequeñas empresas, porque les supone un elevado coste; prefieren recibir transferencias.

c) No es muy popular en los últimos tiempos, por los trámites requeridos para sustituir el CCC por el IBAN.

d) Ninguna de las respuestas anteriores es correcta.

2.10. Las empresas clientes de las entidades bancarias:

a) Prefieren utilizar como medio de cobro la transferencia bancaria en lugar de los efectos comerciales, por la rapidez del cargo en la cuenta del cliente deudor.

b) No se fían demasiado de la seguridad de las operaciones por internet, así que realizan las operaciones manualmente.

c) Pretenden utilizar los medios de pago y cobro que les permitan diferir los pagos y anticipar los cobros.

d) No suelen solicitar servicios financieros que les faciliten inversiones productivas.

3. Métodos básicos de control de tesorería

Introducción

El objetivo de una empresa es obtener el máximo beneficio. Para conseguirlo, se establece una organización, más o menos compleja dependiendo del tamaño de la empresa, que responda a la planificación estratégica de la misma: posicionamiento en el mercado, diversificación de líneas de producto, expansión geográfica…

Dentro de esta planificación en sentido amplio, está la financiera. Su objetivo es determinar, en el medio y largo plazo, las inversiones que se deben realizar por la empresa, así como las fuentes de financiación necesarias. Se trata de optimizar la combinación entre inversión y endeudamiento, de forma que puedan ser alcanzables los planes de expansión de la empresa.

En esa planificación financiera, la gestión de tesorería es de vital importancia, por su aplicación más a corto plazo; por eso la empresa realiza **previsiones de tesorería** periódicas, que le permiten conocer con antelación los posibles déficits y superávits de tesorería. La anticipación es muy importante: si la empresa prevé excedentes de tesorería, tendrá tiempo para decidir qué productos financieros adquirir para rentabilizar esos fondos; en el caso de que la previsión anuncie déficits, podrá iniciar negociaciones con entidades financieras, para obtener las fuentes de financiación más adecuadas para corregir tales desequilibrios.

Las previsiones de tesorería se plasman en el **presupuesto de tesorería,** con el que la empresa pretende optimizar la gestión de los cobros y pagos. Este documento permite el control de las operaciones de tesorería y, para su correcto funcionamiento como instrumento de previsión, es imprescindible la fluidez de información entre los distintos departamentos empresariales y con las entidades financieras.

Igualmente, la cumplimentación de los **libros de caja y bancos** permite una mejor comprobación de las operaciones reflejadas en extracto bancario, y su coincidencia con la contabilidad de las operaciones de tesorería.

Contenido

3.1. El presupuesto de tesorería

En general, un presupuesto siempre es un instrumento de control económico financiero, más o menos complejo dependiendo de la actividad que se debe controlar y, por tanto, presupuestar.

Una familia puede establecer las previsiones de ingresos y gastos mensuales que tiene a lo largo del año; o bien calcular el importe máximo que se puede gastar en las vacaciones estivales; o incluso, los libros y material escolar que deberá adquirir con el inicio del nuevo curso, decidiendo si se puede acometer la compra de una nueva mochila o la del curso anterior ha de aguantar uno más. Todas estas acciones no dejan de ser cálculos sobre cómo distribuir los cobros entre los pagos familiares, es decir, previsiones sobre ingresos y gastos, que es la información que se plasma en un presupuesto.

En el caso del departamento de gestión de tesorería de la empresa, y como se mencionó con anterioridad, el presupuesto es la instrumentalización de las previsiones de tesorería, que facilitarán la buena gestión de los excedentes y déficits que pudieran darse en esta materia, y que permite establecer el control necesario sobre la puntualidad en los cobros y pagos.

Se detallan, a continuación, el contenido y la elaboración de un presupuesto de tesorería.

3.1.1. Finalidad del presupuesto

La tesorería debe ser objeto de una planificación realista por parte de la empresa. La finalidad del presupuesto es reflejar esa planificación, a través de la previsión de las entradas y salidas de efectivo, lo que facilita la gestión óptima de los posibles desfases que puedan producirse entre los cobros y los pagos en el corto plazo.

Con la información que se obtiene del presupuesto, se pueden decidir las inversiones a corto plazo más adecuadas en caso de superávit, buscando la mayor rentabilidad posible para esos excedentes; igualmente, permite analizar y acceder a las fuentes de financiación más favorables y menos costosas, en caso de déficit.

Podríamos afirmar que el presupuesto de tesorería facilita la toma de decisiones estratégicas por parte de la empresa.

3.1.2. Características de un presupuesto

El presupuesto debe reflejar fielmente las partidas correspondientes a las entradas de tesorería o cobros y las que componen las salidas o pagos. Algunos autores, además, mencionan la posibilidad de identificar los movimientos de tesorería considerados ordinarios o habituales en la empresa, y anotarlos de forma separada de los que resulten extraordinarios o de actividades no habituales.

Obviando esta última diferencia entre ordinarios y extraordinarios, podemos caracterizar un presupuesto de tesorería, según los siguientes elementos:

- **Saldo inicial:** es el punto de partida, el saldo de caja y bancos.

- **Cobros o entradas de tesorería:** se reflejan todas las entradas de dinero que tenga la empresa, imprescindibles para que pueda desarrollar su actividad, hacer frente a sus obligaciones de pago e, incluso, afrontar inversiones que le permitan aumentar su tamaño y presencia en el mercado.

  Las entradas de tesorería se anotan en el momento de la recepción del dinero, es decir, cuando se produce el cobro, y no cuando se realiza la operación que lo genera.

  Podemos separar los flujos de entrada o cobros en:

  — Los procedentes de actividades de explotación, que son los que genera la actividad ordinaria de la empresa; es decir, las ventas.

  — Los procedentes de actividades de capital, en los que se incluyen los procedentes de los socios (aportaciones de capital), los rendimientos de las inversiones que se hayan realizado (intereses de las cuentas bancarias, por ejemplo), así como los que se obtienen como financiación por parte de terceros (como los préstamos o créditos solicitados).

- **Pagos o salidas de tesorería:** son los gastos de la empresa, las salidas de dinero; se anotan en el momento en que se realizan, por lo que la empresa tratará de aplazarlos negociando con proveedores y teniendo cuidado de escoger los medios de pago que resulten más favorables en los plazos, y con menores costes. Por ejemplo, ya se ha mencionado anteriormente, que el pago realizado con un cheque no supone una salida inmediata del dinero, sino que esta no se produce hasta que el beneficiario no gestiona su cobro e intervienen las entidades bancarias afectadas; sin embargo, el mismo pago con una transferencia, sí genera la salida de tesorería en el momento en que se ejecuta.

  Dentro de los pagos también podemos diferenciar:

  — Los procedentes de actividades de explotación, es decir, las compras que realiza la empresa (tanto de mercaderías como de elementos de inmovilizado), los servicios prestados por otras empresas y relacionados con la actividad principal (como suministros, publicidad…), los sueldos y salarios de los trabajadores, los pagos a la Seguridad Social (la cuota empresarial y la del trabajador), así como los impuestos (IVA, retenciones de IRPF sobre los sueldos y pagos a cuenta de sociedades o IRPF, según corresponda).

— Los procedentes de actividades de capital, como los relativos a la financiación (intereses y devolución de préstamos) y los de inversión (salidas de tesorería destinadas a la adquisición de activos no relacionados con la actividad principal de la empresa, y que pueden producir rendimientos a medio y largo plazo).

Respecto a los pagos, es relevante destacar la importancia de ordenarlos por fecha de vencimiento (es decir, cuando se van a realizar), con el objetivo de conseguir la mencionada previsión y evitar desequilibrios y desfases en la tesorería, por falta de liquidez. Para ello, es habitual, en las empresas de cierto tamaño, fijar un día para realizar los pagos a un mismo proveedor, igual que para pagar las nóminas de los empleados.

También es importante conocer con antelación el importe del pago correspondiente en cada caso.

Una vez conocidas las entradas y salidas de tesorería, la diferencia entre ellas puede ser de tres tipos:

— Nula, y entonces estamos ante una situación de equilibrio: está previsto que la corriente de cobros cubra exactamente la de pagos. Es cierto que es una previsión, por lo que la empresa debe estar preparada para que la realidad no se corresponda con el equilibrio.

— Negativa: los pagos previstos para el período superan a los cobros, se presenta un déficit, y la empresa deberá decidir a qué fuentes de financiación acudir para corregirlo.

— Positiva: los cobros se prevén superiores a los pagos, por lo que es una situación de superávit; las decisiones de la empresa han de ir encaminadas a elegir la inversión que rentabilice, en mayor medida, los fondos excedentes de tesorería.

Esta diferencia es el **saldo neto del período,** que sumado al inicial nos proporciona el **saldo final de tesorería.**

Pueden existir desviaciones presupuestarias; esto es, que algunas previsiones no se cumplan. En estos casos, es importante averiguar el motivo y, si es posible, tomar las medidas oportunas para evitar que se repita.

Respecto al período considerado, el presupuesto puede ser anual, que sería lo más normal si consideramos que así quedaría incluido en los presupuestos anuales de la empresa.

Sin embargo, en el ámbito de la tesorería, la periodicidad semestral o trimestral permite una planificación más detallada. Incluso, si la empresa tiene un gran volumen de movimientos, mejor la periodicidad mensual, quincenal o semanal. De esta forma, es más fácil reaccionar ante posibles faltas de liquidez y necesidades de financiación.

Aunque el presupuesto tenga un horizonte temporal anual, la parcelación del mismo en períodos de tiempo más reducidos, como el mes, facilita las revisiones de este, y permite un mejor ajuste de las previsiones.

3.1.3. Elaboración de un presupuesto sencillo

El presupuesto se elabora en una plantilla, que representa una tabla. En las columnas se anotan los meses, y en las filas los distintos conceptos, separando los cobros y los pagos. Normalmente, la primera anotación en filas se reserva para el saldo de tesorería inicial, que es con el que se cerró el período anterior; se procede a las anotaciones de cobros y pagos previstos, y se calcula la diferencia, que puede generar un exceso o superávit, o bien un déficit. El saldo final, anotado en la última fila y que será el inicial del siguiente período, se obtiene con la suma del inicial y la diferencia, positiva o negativa, entre cobros y pagos.

El desglose, más o menos detallado, de las partidas que componen las entradas y salidas de tesorería, es decisión de cada empresa. De ahí que podamos encontrar distintos modelos de presupuesto, si bien los elementos señalados se mantienen.

Existen empresas que proveen de herramientas informáticas a las empresas para la elaboración de sus presupuestos de tesorería.

En la imagen siguiente, tenemos un modelo sencillo realizado en Excel para tres meses, que admite la ampliación temporal hasta el año.

Concepto	Enero (€)	Febrero (€)	Marzo (€)
Saldo inicial	5000	3500	3000
Cobros de clientes	10 000	11 000	12 500
Préstamos recibidos	0	2000	0
Otros ingresos	500	500	500
TOTAL ENTRADAS	10 500	13 500	13 000
Pagos a proveedores	8000	9000	9500
Nóminas y Seguridad Social	3500	3500	3500
Impuestos	500	1000	1500
Préstamos e intereses	0	500	500
Otros gastos	0	1000	1000
TOTAL SALIDAS	12 000	15 000	16 000
Saldo neto del período	−1500	−1500	−3000
Saldo final	3500	2000	0

En cada mes, se observa mayor importe de las salidas que de las entradas, por lo que tenemos déficit mensual en enero, febrero y marzo.

El saldo final en enero es positivo (3500 €), pero en el mes tenemos un déficit de 1500 €.

En febrero se recibe un préstamo de 2000 €, buscando recuperar liquidez. Sin embargo, se cierra el mes con déficit nuevamente, pese al saldo final positivo, aunque menor que el de enero.

Esto último es señal de que las necesidades de financiación son mayores, lo que queda constatado en marzo, cuando el déficit mensual acaba anulando el saldo final.

Ejemplo:

La empresa ZITA está realizando las previsiones de tesorería correspondientes al próximo mes de enero.

Los movimientos previstos son los siguientes:

- *Compra de mercancía por valor de 3800 €*

- *Pago de impuestos por valor de 850 €*

- *Venta de mercancía por valor de 18 000 €*

- *Alquiler del local: 750 €*

- *Suministros: 1400 €*

- *Cobros de clientes por valor de 1500 €*

- *Nóminas y Seguridad Social: 4350 €*

- *Compra de equipos informáticos: 2375 €*

Con estos datos, elaboramos el presupuesto, considerando que tiene un saldo inicial en caja y bancos de 2825 €.

	ENERO
SALDO INICIAL	2825 €
COBROS	
Venta de mercancías	18 000 €
Clientes	1500 €
TOTAL COBROS	19 500 €
PAGOS	
Compra de mercancías	3800 €

Compra de equipos informáticos	2375 €
Alquiler del local	750 €
Suministros	1400 €
Nóminas y Seguridad Social	4350 €
Impuestos	850 €
TOTAL PAGOS	13 525 €
DIFERENCIA COBROS-PAGOS	5975 €
SALDO FINAL	8800 €

Tras realizar las anotaciones, calculamos la diferencia entre cobros y pagos y el saldo final de tesorería.

Vamos a observar que obtenemos una diferencia positiva de 5975 €; la recomendación para la empresa es que no debería tener tanto dinero improductivo, sino que debería encontrar la opción de inversión más adecuada, para rentabilizarlo.

Bien es cierto que estamos haciendo una previsión a muy corto plazo, y que tal vez deberíamos tener información de algunos meses más*, por si la tendencia pudiera cambiar, y resultar necesario el excedente de tesorería, para cubrir un posible déficit en febrero.*

3.1.4. Aprobación del presupuesto

Las operaciones de tesorería pueden condicionar el buen funcionamiento de la empresa, por lo que requieren de la colaboración de todos los departamentos de la empresa.

Realizado el presupuesto por parte del departamento de tesorería, el responsable del mismo se encargará de dar una primera aprobación, que deberá ser corroborada por los máximos dirigentes del departamento financiero.

Se contrasta con contabilidad y dirección de operaciones y ventas, a fin de mantener la coherencia y coordinación de objetivos entre departamentos, previa a su presentación a la dirección de la empresa para su aprobación: dirección financiera, dirección general o consejo de administración, según el tamaño y organización de la empresa.

Se establece, así mismo, un seguimiento y control del presupuesto, con el objetivo de subsanar cualquier desviación que pudiera alejarlo de la realidad.

3.2. El libro de caja

Es un libro auxiliar que la empresa suele llevar para el adecuado registro de todas las operaciones relativas a los movimientos en la caja física de la empresa. También denominados movimientos de operaciones al contado, incluye todas aquellas en las que interviene el dinero, a través de la utilización de monedas, billetes y cheques.

Se anotan las entradas y salidas en orden cronológico siempre, señalando la fecha de la operación, el concepto, el número de factura o justificante, el importe y el saldo.

El saldo tiene que coincidir con el dinero en efectivo que hay en la empresa, de ahí que facilite el control del efectivo en la empresa.

Existen distintos modelos de este libro registro. Uno de ellos lo asemeja al libro mayor, diferenciando las anotaciones en el DEBE y en el HABER, además de señalar la fecha, concepto e importe de cada una.

DEBE				HABER			
FECHA	CONCEPTO	IMPORTE	SALDO	FECHA	CONCEPTO	IMPORTE	SALDO

Sin embargo, otros modelos resultan más sencillo, y pueden realizarse en una hoja de cálculo:

LIBRO DE CAJA				
FECHA	CONCEPTO	COBROS	PAGOS	SALDO

O también:

FECHA	CONCEPTO	N.º RECIBO	ENTRADAS (€)	SALIDAS (€)	SALDO (€)
01/01/2025	Saldo inicial	—			1000
02/01/2025	Cobro cliente contado	RC-001	500	0	1500
03/01/2025	Pago material oficina	PC-001		200	1300
04/01/2025	Cobro venta al contado	RC-002	300		1600
05/01/2025	Pago proveedor contado	PC-002		400	1200

El libro registro de caja y la cuenta contable caja no son lo mismo. Sin embargo, el libro de caja se cierra mensualmente, al igual que la cuenta de caja como parte integrante del libro mayor. Por eso, tanto los movimientos registrados en el libro de caja como sus saldos deben coincidir con la mencionada cuenta de caja.

3.2.1. El arqueo de caja

El arqueo de caja, junto con el recuento de caja, son instrumentos de control del adecuado asentamiento de las entradas y salidas de dinero.

El **recuento de caja** es una operación por la cual se procede a contar las monedas, billetes y cheques que se encuentran en la caja de la empresa. Debe realizarse diariamente por la persona responsable, el cajero, al inicio y al final de la actividad.

El **arqueo de caja** consiste en comprobar que el resultado del recuento es coincidente con las anotaciones del libro de caja, y que el saldo resultante es, efectivamente, el que corresponde al existente en la caja física de la empresa, en billetes, monedas y cheques.

Puede darse el caso de que aparezcan discrepancias o descuadres; en esos casos, y tras averiguar si se trata de errores en las anotaciones en el registro, o bien errores en las operaciones de cobros y pagos, la empresa debe proceder a su corrección. Lo que se refleja en el libro de caja debe ser lo que hay exactamente en la caja física, y coincidir con las anotaciones de la cuenta de caja del libro mayor.

Las diferencias pueden contabilizarse en una cuenta (diferencias de caja), en la que adeudar las faltas como pérdidas y abonar los excedentes como ingresos. De mantenerse la diferencia al cierre contable del ejercicio, el saldo de diferencias de caja deberá cancelarse contra la cuenta de pérdidas y ganancias.

3.2.2. Finalidad

La empresa que lleva un libro registro de caja, lo hace para obtener un mayor control de los movimientos de dinero, previniendo la existencia de posibles errores en las anotaciones, y reduciendo el riesgo de aparición de desequilibrios en la gestión de la tesorería.

En las empresas, hay una persona encargada de controlar y manejar la caja: el cajero. Aunque toda su actividad se centre en el cometido de registrar y contabilizar adecuadamente las entradas y salidas de dinero, pueden darse errores, de mayor o menor gravedad.

Esa persona debe realizar las adecuadas previsiones del dinero en efectivo que será necesario tener en la caja para afrontar los pagos del día, mantener el suficiente para evitar quedarse sin liquidez, ejecutar los cobros y pagos con los debidos justificantes y comprobantes y anotar todas las operaciones. Al final del día, el recuento y arqueo de caja permitirán la comprobación de la correcta ejecución de estas tareas.

3.2.3. Procedimiento

Como ya anticipamos, el libro de caja puede presentar distintos formatos. En cualquiera de ellos, la persona responsable debe proceder a la anotación de los movimientos que va realizando, con cuidado de no cometer errores en los importes o conceptos. Para ello, utilizará los comprobantes que debe atesorar por cada operación de cobro y pago que realice.

Ejemplo:

Las siguientes son las operaciones que registra una empresa al finalizar el día 3 de octubre:

- *Pago del cheque SERIE BB, N.º 5.378.987 2 1234 5 por valor de 340 €*

- *Pago de factura N.º 0012/14 por 1325 €*

- *Cobro de factura N.º 123/13 por 2740 €*

- *Pago alquiler local por 1500 €*

- *Saldo inicial: 275 €*

Registramos las operaciones en el libro de caja.

LIBRO DE CAJA				
FECHA	CONCEPTO	COBROS	PAGOS	SALDO
03/10/20X4	SALDO INICIAL			275 €
03/10/20X4	Pago del cheque SERIE BB, N.º 5.378.987 2 1234 5		340 €	
03/10/20X4	Pago de factura N.º 0012/14		1325 €	
03/10/20X4	Cobro de factura N.º 123/13	3740 €		
03/10/20X4	Pago alquiler local		1500 €	
03/10/20X4	SALDO FINAL			850 €

Es relevante recordar que estamos anotando cobros y pagos de dinero en efectivo, y que, por tanto, no podemos haber hecho pagos por mayor importe de la suma del saldo inicial y los cobros; no puede salir más dinero del que hay. Si el saldo final es negativo, señal de que ha habido algún error.

3.2.4. Punteo de movimientos en el libro de caja

El punteo de los movimientos en este libro hace referencia a la comprobación necesaria de las anotaciones, que se lleva a cabo con los justificantes de pagos y cobros que deben acreditar esos movimientos.

Han de ser comprobados los importes, pero también los datos identificativos de la operación, como los números de las facturas y cheques, como en el ejemplo anterior.

Esto facilita la localización de errores si aparecen diferencias en el recuento o en el arqueo.

3.2.5. Cuadre con la contabilidad. Identificación de las diferencias

Como ya se ha comentado, el libro de caja no es lo mismo que la cuenta de caja. Sin embargo, sí debe haber una correspondencia en la información que arrojan ambos elementos de la organización de la empresa.

Las anotaciones en el libro arrojan un saldo diario, que ha de ser corroborado con las operaciones de recuento y arqueo, y que debe reflejar el dinero existente en la caja física de la empresa. Esta información ha de coincidir con la que se refleja en la cuenta de caja del libro mayor.

Las diferencias y descuadres que puedan existir han de analizarse para averiguar su procedencia o causa. Por esta razón, es muy importante la labor de control a través del recuento y arqueo de caja diarios. No hacerlos, puede representar la imposibilidad de detectar errores o de subsanarlos.

Las diferencias pueden ser:

- En la anotación: simplemente ha habido un error en la transcripción al libro de caja de una operación; se ha anotado mal el importe, en lugar de un cobro, se anotó un pago, el cheque registrado no se corresponde con el importe señalado... Todas estas diferencias son de fácil corrección, una vez comprobados los justificantes recogidos en los pagos y cobros del día.

- En la operativa: se ha cobrado por importe erróneo una factura o se ha pagado la cantidad inapropiada por un cheque; hay una salida o una entrada de dinero que no se corresponde con la previsión del día, se le ha dado mal el cambio a alguien... Estas diferencias no son subsanables de forma tan inmediata; exigirán ponernos en contacto con el cliente o proveedor implicado, para llevar a cabo la comprobación de la existencia del error, y así proceder a su corrección.

En el último caso, y en previsión de la demora en la que podamos incurrir, es aconsejable la contabilización de la diferencia en una cuenta «puente», como la propuesta anteriormente de «Diferencias de Caja». De esta forma, regularizamos la situación, de manera que la información contable y la de la caja física coincidan. Llegado el caso, si no ha podido ser saldada dicha cuenta contra la propia cuenta de caja, con el abono o adeudo correspondiente, antes del cierre del ejercicio, procederemos a contabilizar una pérdida o un ingreso en pérdidas y ganancias.

3.3. El libro de bancos

El libro de bancos permite anotar todos los movimientos de entradas y salidas de tesorería, que la empresa realiza a través de sus cuentas bancarias, corrientes, de ahorro y de crédito.

Como en el caso del libro de caja, existen distintos formatos para llevar el registro de las operaciones bancarias, pero en todas debe quedar anotada la fecha, el concepto, el importe y el saldo.

Algunas empresas optan por indicar las operaciones totales de todas sus cuentas, especificando en el concepto el banco y la cuenta correspondientes. Si la empresa tiene un elevado número de movimientos, es aconsejable que se establezcan las anotaciones diferenciadas, asignando hojas distintas a cuentas diferentes, con el objetivo de facilitar la posterior comprobación y punteo.

Podemos utilizar una hoja de cálculo para proceder al registro de las operaciones, en un modelo sencillo como el siguiente:

BANCO O CAJA: MIBANCO N.º CUENTA: 1234 5678 90 5463781209 TITULAR: MICA, S. A.				
FECHA	CONCEPTO	COBROS (ENTRADAS)	PAGOS (SALIDAS)	SALDO

3.3.1. Finalidad

Los movimientos bancarios en las cuentas de las empresas no siempre son conocidos por estas en el momento en que se realizan, sino pasados unos días, o cuando la entidad bancaria remite información específica sobre los mismos.

El registro de los movimientos por parte de la empresa en el libro de bancos le permite llevar un mejor control de las operaciones de entradas y salidas en sus cuentas, anticipándose a posibles situaciones de devoluciones de recibos o rechazo de pagos de cheques, pagarés o letras, por saldo insuficiente, con los costes que estas situaciones pueden suponer. En las cuentas de crédito, la empresa paga intereses por el saldo dispuesto sobre el límite de crédito asignado; pero, si no tiene un exhaustivo control de los movimientos, puede incurrir en mayores costes si un descuido le lleva a exceder ese límite.

Como en el caso del libro de caja, el de bancos es voluntario para la empresa, pero, según el volumen de movimientos bancarios que pueda tener, altamente recomendable.

3.3.2. Procedimiento

La empresa anotará una partida inicial correspondiente al saldo anterior, que podrá ser deudor o acreedor, dependiendo de la naturaleza de la cuenta de que se trate (de crédito o corriente, respectivamente), o a posibles desequilibrios pasajeros por falta de liquidez.

Posteriormente, procederá a la inclusión de las entradas y salidas que se vayan produciendo, especificando la fecha, el concepto y el importe.

Si bien en el libro de caja se anota, únicamente, el saldo inicial y el final, en el de bancos se recomienda anotar los saldos resultantes después de cada movimiento, para facilitar la posterior labor de comprobación con el extracto bancario proporcionado por la entidad financiera.

Ejemplo:

A lo largo del mes de octubre, la empresa MICA, S. A. ha registrado los siguientes movimientos en la cuenta corriente, 1234 5678 90 5463781209 de la que es titular en el banco MIBANCO:

- *Saldo a 1 de octubre: 5589 €*

- *Pago pagaré SERIE BB N.º 3.456.876. 1 2222 6, al proveedor FILIS, S. A., el 3 de octubre: 1875 €*

- *Pago recibo de telefonía, el 10 de octubre: 264 €*

- *Abono de transferencia por factura N.º 111/14, el 15 de octubre: 450 €*

- *Pago impuestos, el 20 de octubre: 845 €*

- *Pagos nóminas empleados, el 30 de octubre: 4425 €*

- *Ingreso cheque correspondiente a factura N.º 115/14, el 31 de octubre: 2050 €*

Realizamos las anotaciones en el libro de bancos:

BANCO O CAJA: MIBANCO N.º CUENTA: 1234 5678 90 5463781209 TITULAR: MICA, S. A.				
FECHA	**CONCEPTO**	**COBROS (ENTRADAS)**	**PAGOS (SALIDAS)**	**SALDO**
01/10/20X4	SALDO INICIAL			5589€
03/10/20X4	PAGO PAGARÉ PROVEEDOR FILIS, S. A.		1875 €	3714 €
10/10/20X4	PAGO RECIBO TELFONÍA		264 €	3450€
15/19/20X4	ABONO TRANSFERENCIA FRA. 111/14	450 €		3900 €
20/10/20X4	PAGO IMPUESTOS		845 €	3055 €
30/10/20X4	PAGO NÓMINAS		4425 €	−1370 €
31/10/20X4	INGRESO CHEQUE FRA. 115/14	2050 €		680 €

Observamos que el día 30 se cerró con un saldo negativo en cuenta corriente, que es de naturaleza acreedora, lo que supondrá que la entidad bancaria cobrará una comisión por descubierto, según las condiciones que la empresa tenga pactadas con el banco. Además, hay que tener en cuenta que, salvo que el cheque ingresado el día 31 sea del mismo banco, la fecha de valoración del abono del mismo será uno o dos días posterior, lo que se traduce en intereses deudores en la siguiente liquidación de la cuenta.

En el Capítulo 4 se verá el apartado de las liquidaciones de cuentas, mencionando la diferencia entre las fechas de operación y de valor: la primera representa el movimiento contable, y se corresponde con el día de la anotación; la segunda es la que fija la entidad, como de disponibilidad del dinero para el cliente.

3.3.3. Punteo de movimientos bancarios

El punteo de los movimientos es la comprobación de que las anotaciones y saldo en el libro registro de bancos se corresponden con los asentados en la cuenta corriente o de crédito correspondiente, realizados por la entidad bancaria.

Para el punteo se dispone de los comprobantes de las operaciones, pero en este caso, la primera comprobación se realiza sobre el extracto de cuenta bancaria que la entidad financiera proporciona sus clientes.

El extracto es un documento que refleja los movimientos bancarios de la cuenta de referencia, a lo largo del período considerado. En él aparecen todas las operaciones de entradas y salidas de fondos, además de los saldos resultantes después de cada una. El banco puede acordar con el cliente el envío del extracto con la periodicidad que se requiera: mensual, semanal, diario… De hecho, las empresas con un elevado número de movimientos bancarios, con diversas cuentas corrientes y de crédito abiertas, y en distintos bancos pueden requerir de cada una de ellas el extracto diario, a fin de evitar situaciones no deseadas de descubierto o límite excedido.

La banca *online* permite al responsable de la empresa el acceso a la consulta del extracto, en el momento que lo requiera, y tantas veces como necesite, aunque la empresa conservará en sus archivos los extractos en papel, con el punteo correspondiente.

3.3.4. Cuadre de cuentas con la contabilidad

De forma análoga al libro de caja, el libro de bancos no es la cuenta bancos del libro mayor que la empresa está obligada a cumplimentar. Sin embargo, sus movimientos y saldos deben coincidir con los reflejados en las propias cuentas, a través de los extractos correspondientes, y vincularse con las anotaciones y saldos de la cuenta bancos del libro mayor.

Para alcanzar esta coincidencia y corregir posibles diferencias, está lo que se denomina conciliación bancaria.

3.3.5. Conciliación en los libros de bancos

Con la **conciliación bancaria** se procede a verificar la coincidencia entre el saldo y movimientos de las cuentas bancarias de la empresa, que se corresponde con el libro registro de bancos, y el saldo y asientos contables reflejados en la cuenta bancos del libro mayor.

Es importante que, previamente a la conciliación bancaria, se haya procedido al punteo del extracto de cuenta corriente, de forma que se haya verificado su coincidencia con el libro registro, pudiendo acudir a la entidad bancaria a la conciliación, con uno u otro documento indistintamente.

Las diferencias y descuadres que puedan existir, es posible que dificulten la conciliación bancaria. Algunos tienen que ver con diferencias temporales, en cuanto a que se contabiliza una operación con una fecha, que no es aquella en la que efectivamente se produce el movimiento en cuenta. En el ejemplo propuesto, mencionamos las diferencias entre la fecha de operación y la de valor para el ingreso del cheque; si contabilizamos el cobro por medio del cheque a fecha 31 de octubre, pero el dinero no figura en cuenta hasta el 2 de noviembre, tenemos un desfase entre ambos documentos.

Puede haber diferencias en el importe de ciertas operaciones, si no hemos tenido en cuenta al contabilizar los posibles gastos y comisiones que cobra el banco, al conceder a la empresa un préstamo, un descuento de efectos...

Incluso pueden existir diferencias en el importe de ciertos cobros o pagos, si no se efectúan por el mismo que se ha contabilizado: si en un descuido, la empresa ha dejado la cuenta con saldo insuficiente para atender un cheque, el banco puede pagarlo parcialmente, lo que no coincidirá con el apunte contable que se haya materializado.

Autoevaluación

3.1. El presupuesto de tesorería:

a) Se confecciona para atender las previsiones de tesorería de la empresa a largo plazo.

b) Es un instrumento de control y previsión de posibles desequilibrios entre las entradas y salidas de tesorería.

c) Es responsabilidad del cajero, que debe revisarlo diariamente, al inicio y al final de la jornada laboral.

d) No tiene más importancia que la de registrar las expectativas sobre los movimientos de tesorería. Que no se cumpla, no tiene importancia.

3.2. El libro de caja es:

a) Fundamental en la organización contable de la empresa y obligatorio por ley.

b) Auxiliar y obligatorio.

c) Auxiliar y voluntario.

d) Es lo mismo que la cuenta de caja del libro mayor contable.

3.3. El arqueo y el recuento de caja:

a) Son la misma operación, y está obligada a realizarla, la persona encargada de la caja.

b) Son la misma operación, pero la lleva a cabo el responsable máximo del departamento financiero, como mecanismo de control.

c) El arqueo es diario, al inicio y al final del día y lo hace el cajero, contando monedas y billetes que hay en la caja física de la empresa. El recuento es esporádico y lo hace el máximo responsable del departamento sin avisar.

d) El recuento lo hace el cajero dos veces al día. El arqueo, además del cajero, puede hacerlo un responsable superior en cualquier momento.

3.4. El libro de bancos es:

a) Obligatorio para grandes empresas y voluntario para pymes.

b) Auxiliar y voluntario para todas las empresas, aunque recomendable, sobre todo para las grandes.

c) Una forma de que el banco no engañe a la empresa con comisiones y gastos no pactados.

d) Un libro auxiliar cuya utilidad no se aprecia, ya que, en caso de discrepancia, prevalece la información del extracto bancario.

3.5. Las posibles diferencias o descuadres en caja:

a) Deben ser contabilizadas en una cuenta puente, hasta poder ser corregidas; en ese momento, dicha cuenta será saldada.

b) Si las diferencias no pueden ser corregidas al cierre del ejercicio contable, deberán ser anotadas en la cuenta de pérdidas y ganancias, quedando así saldada la cuenta puente.

c) Son correctas las respuestas a y b.

d) Ninguna de las respuestas anteriores es correcta.

3.6. Las diferencias en el libro de bancos, con la información facilitada por la entidad bancaria:

a) No se consideran porque prevalece la información que tiene el banco.

b) Suelen desembocar en la llamada conciliación bancaria.

c) Las soluciona la empresa cambiando las anotaciones culpables en el libro de bancos.

d) No existen nunca.

3.7. En el presupuesto de tesorería, tanto los cobros como los pagos son de dos tipos:

a) De explotación u ordinarios y de capital o procedentes de actividades distinta de la ordinaria de la empresa.

b) De inversión, por los rendimientos que proporcionen los fondos, y de gasto, por las compras de mercaderías y de inmovilizado.

c) De financiación, por los intereses de préstamos y su devolución, y de ingreso, por las ventas de mercaderías.

d) No se pueden diferenciar tipos, se desglosan conceptos.

3.8. En el libro de caja:

a) Se anotan las entradas y salidas de efectivo, y su saldo ha de coincidir con el dinero existente en la caja física de la empresa, en cuanto a monedas y billetes.

b) El saldo que arroja al final del día, tras anotar los movimientos, puede ser deudor o acreedor.

c) Solo se consideran las operaciones con monedas y billetes, no se incluye ningún otro medio de pago.

d) Solo anotamos los cheques, para tenerlos registrados, el dinero ya está en la caja.

3.9. Tanto el libro de bancos como el de caja:

a) Pueden tener el formato deseado por la empresa, utilizando alguno preconcebido, o elaboran do el propio en hoja de cálculo.

b) Están sometidos al control del consejo de administración de la empresa, ante su relevancia en la elaboración de las cuentas anuales.

c) Los organismos oficiales pueden exigir su presentación a efectos de comprobaciones e inspecciones.

d) No existen recomendaciones sobre su utilización. Cada empresa lleva el registro haciendo las anotaciones que quiere.

3.10. En el presupuesto de tesorería:

a) Anotados los cobros y los pagos, se calcula la diferencia entre ambos.

b) Un saldo positivo desvela superávit de tesorería, la empresa debería valorar opciones de inversión para rentabilizar los fondos.

c) Un saldo negativo desvela déficit, la empresa debería buscar fuentes de financiación apropiadas, para soportar los menores costes posibles.

d) Todas las respuestas anteriores son correctas.

4. Operaciones de cálculo financiero y comercial

Introducción

Una vez estudiadas las distintas operaciones de tesorería, en este capítulo nos centramos en conocer los instrumentos de matemática financiera, que vamos a aplicar a la gestión de tesorería.

En las empresas, la persona responsable de la tesorería tiene, normalmente, formación en lo que podemos denominar gestión administrativa: tiene conocimientos contables, de matemática financiera, de organización y archivo...

Todo lo relativo al cálculo de intereses y comisiones, que las entidades bancarias cobran por determinados productos y servicios, representa un dato para la empresa, ya que es la entidad la que proporciona esa información. Sin embargo, los conocimientos sobre la materia permiten a la empresa valorar si las condiciones establecidas por las entidades crediticias son adecuadas o, por el contrario, resultan abusivas. Unas mínimas nociones en el campo contable y financiero agilizarán y mejorarán las decisiones relativas a la gestión de tesorería, sin necesidad de contratar expertos que orienten a los directivos de la empresa, o de fiarse únicamente de la información aportada por la entidad de crédito.

En este sentido, en el capítulo que comienza se recuerdan los conceptos de leyes financieras de capitalización y de descuento, y la diferencia entre los conceptos asociados a ellas de «simple» y «compuesto».

Desde el cálculo de sencillos casos, se analiza la aplicación de esas leyes financieras a las operaciones cotidianas en el marco de la actividad empresarial; aquellas relacionadas con los ingresos y gastos, es decir, con los movimientos de tesorería. Se dedica especial atención a las cuentas corrientes y de crédito, apenas mencionadas con anterioridad, además de al cálculo de las liquidaciones de remesas de descuento de efectos.

Contenido

4.1. Utilización del interés simple en operaciones básicas de tesorería

Antes de aplicar el cálculo del interés simple a las operaciones de tesorería, recordamos algunos conceptos relevantes de matemática financiera.

Las **leyes financieras** se definen como la expresión matemática del principio de proyección financiera, siendo este el criterio mediante el cual se pueden comparar dos capitales financieros de forma indirecta, a través de su proyección o valoración en un momento de referencia (ambos deben estar referidos al mismo momento del tiempo).

Dichas leyes financieras pueden ser de capitalización o de descuento.

Las leyes de capitalización permiten determinar, dado un capital financiero, otro equivalente en un momento posterior del tiempo. Dados dos capitales, (C_1, t_1) y (C_2, t_2), se dice que son equivalentes si, elegido un momento del tiempo y de acuerdo a una ley financiera dada, toman idéntico valor. Es decir, dos capitales financieros son equivalentes si y solo si su proyección financiera es la misma.

Las operaciones llamadas de constitución, siempre que sean a corto plazo, están sometidas a la ley de capitalización simple, al igual que las liquidaciones de cuentas corrientes y de crédito que veremos más adelante.

4.1.1. Ley de capitalización simple

La ley de capitalización simple se utiliza en operaciones a corto plazo, y se caracteriza porque los intereses generados en cada período no se acumulan al capital para generar más intereses; es decir, los intereses se aplican siempre sobre el capital, atendiendo a la fórmula $C_n = C_0 (1 + ni)$, donde:

- C_n es el capital al final del período considerado; también se denomina montante, y está constituido por el capital inicial más los intereses que el mismo haya generado a lo largo del período.

- C_0 es el capital inicial, el importe considerado al inicio del período.

- n representa el período de tiempo que media entre el inicio y el final de la operación; puede representar años, meses, trimestres…

- i es el tipo de interés pactado entre las partes para esta operación; está expresado en tanto por uno y debe estar referido a la misma unidad temporal que n; si n son años, el tipo de interés ha de ser anual; si n son meses, el tipo de interés ha de ser mensual, etcétera.

4.1.2. Cálculo de interés simple

El interés simple puede estar referido a distintas unidades de tiempo: puede ser anual, que notamos i; o puede estar referido a una fracción de año, como el mes, y en ese caso lleva el subíndice 12, ya que en el año hay doce meses (i_{12}).

La equivalencia entre los distintos tipos de interés simple exige que se obtenga el mismo capital final o montante, si son aplicados al mismo capital inicial y durante el mismo plazo; es decir, si i_k es el tipo de interés referido al k-ésimo de año, entonces debe cumplirse $C_0 (1 + ni) = C_0 (1 + kni_k)$; de aquí se obtiene $i = ki_k$ y, por tanto, $i_k = i/k$.

Hemos dicho que esta ley de capitalización simple se aplica a las operaciones a corto plazo, entendidas como las que tienen un plazo máximo de un año; con este plazo, la capitalización simple es más favorable que la compuesta.

Ejemplo:

La empresa X, con un excedente de tesorería de 50 000 € en cuenta corriente, decide pedirle a su entidad financiera que le suscriba una imposición a un plazo fijo de 8 meses, pero exige un interés del 3 %.

Calcular el montante para la empresa transcurridos los 8 meses.

Dado que se trata de una operación a plazo inferior al año, es decir, a corto plazo, aplicamos el interés simple para calcular el capital final o montante.

$$C_n = C_0 (1 + ni) = 50\ 000\ € (1 + 0,03) = 51\ 000\ €$$

4.2. Aplicación del interés compuesto en operaciones básicas de tesorería

El interés compuesto se aplica a operaciones cuyo plazo supera el año, y en capitalización supone que los intereses se van acumulando al capital y, por tanto, generan más intereses.

Las operaciones de amortización, como, por ejemplo, los préstamos, se calculan utilizando el interés compuesto.

4.2.1. Ley de capitalización compuesta

La ley de capitalización compuesta se utiliza en operaciones a largo plazo, y se caracteriza porque los intereses generados en cada período, se acumulan al capital para generar más intereses, con arreglo a la expresión $C_n = C_0 (1 + i)^n$, donde, como en el caso de la capitalización simple:

- C_n es el capital final o montante, y está constituido por el capital inicial más los intereses que se hayan ido acumulando a lo largo del período.

- C_0 es el capital inicial, el importe considerado al inicio del período.

- n representa el período de tiempo que media entre el inicio y el final de la operación; puede estar expresado en años, meses, trimestres…

- i es el tipo de interés pactado entre las partes para esta operación; está expresado en tanto por uno y debe estar referido a la misma unidad temporal que n; si n son años, el tipo de interés ha de ser anual; si n son meses, el tipo de interés ha de ser mensual, etcétera.

4.2.2. Cálculo de interés compuesto

Igual que en el caso del interés simple, el compuesto puede estar referido a distintas unidades de tiempo, siendo la notación idéntica: i es el tipo de interés anual, i_k es el tipo de interés referido a la fracción de año k. La equivalencia entre ellos, exige igualmente que se obtenga el mismo capital final o montante, si son aplicados al mismo capital inicial y durante el mismo plazo; si i_k es el tipo de interés referido al k-ésimo de año, entonces debe cumplirse $C_0 (1 + i)^n = C_0 (1 + i_k)^{kn}$; de aquí $(1 + i)^n = (1 + i_k)^{kn}$.

La ley de capitalización compuesta se aplica a las operaciones a un plazo superior al año, en el que la capitalización simple es menos favorable que la compuesta.

Ejemplo:

Supongamos que la empresa Z necesita adquirir equipos informáticos por valor de 6000 €. Tiene escasez de liquidez, por lo que opta por acudir a la entidad bancaria de la que es cliente, y solicitar un préstamo por dicho importe, para devolver en el plazo de dos años y medio.

El banco cobrará un interés del 6 % anual.

Ambas partes acuerdan que la devolución del capital más los intereses correspondientes se efectuará por medio de un único pago al final del plazo.

Calcular el importe del capital que ha de pagar la empresa a la entidad bancaria.

Dado que se trata de una operación a un plazo superior al año, es de aplicación el tipo de interés compuesto:

$C_n = C_0 (1 + i)^n = 6000 \text{ €} (1 + 0{,}06)^{2{,}5} = 6940{,}90 \text{ €}$

4.3. Descuento simple

Las leyes financieras de descuento permiten, dado un capital financiero, determinar otro equivalente en un momento anterior del tiempo; hay tres leyes de descuento:

- **Simple comercial:** se utiliza en operaciones de descuento de letras y efectos comerciales en general; se denomina también descuento bancario y se calcula con base en la fórmula: $E = N [1 - d (n / 360)]$, donde d representa la tasa de descuento.

- **Simple racional:** se utiliza en pocas ocasiones y solo en operaciones de descuento a corto plazo; es la operación inversa de la capitalización simple: $C_0 = C_n (1+ni)^{-1}$.

- **Compuesto:** se utiliza en operaciones de descuento a largo plazo y es la operación inversa de la capitalización compuesta: $C_0 = C_n (1 + i)^{-n}$.

4.3.1. Cálculo del descuento comercial

Ya hemos mencionado en capítulos anteriores, que el descuento comercial es una operación financiera de corto plazo, por la cual una entidad de crédito hace entrega a un cliente el valor actual de uno o varios capitales futuros.

Estudiada la operación de descuento comercial o bancario en los Apartados 1.2.3 y 1.2.4, nos centramos en este apartado en el cálculo de la misma, para lo que recordamos la fórmula aplicable y sus componentes.

Acabamos de recordar la ley financiera de descuento simple, aplicable al cálculo del descuento comercial o bancario: $C_0 = C_n [1 - d (n / 360)]$, donde:

- **Descuento:** es el importe que cobra la entidad financiera por el servicio de anticipo del capital que representa el conjunto de efectos comerciales presentados $D = N \times d \times \dfrac{n}{360}$, siendo N el nominal del efecto; d es el tipo de descuento, expresado en tanto por uno, y n es el número de días naturales que median entre la fecha de descuento y la de vencimiento del efecto. Es importante destacar que los días que se cuentan son naturales, pese a que están referidos al año comercial; de ahí el divisor 360.

- **Comisión de gestión:** importe que cobra la entidad financiera por el servicio de gestión de cobro que realiza al vencimiento de los efectos; se calcula como un porcentaje sobre el nominal de cada efecto, pudiendo establecer la entidad bancaria un importe mínimo $(C = N \times \dfrac{c}{100})$.

- **Otros gastos (G):** en este apartado se consideran los gastos que el banco puede considerar cobrar al cliente, en concepto de operativa interna derivada del descuento. Por ejemplo, el correo, que es un importe fijo por efecto.

- **Impuestos:** recordamos la importancia de considerar el impuesto de actos jurídicos documentados (**IAJD**): que grava los efectos, representado por lo que se conoce como timbre; en el caso de las letras de cambio, al comprarlas con el timbre correspondiente, este no se incluirá como gasto en la operación de descuento.

Descritos los componentes, se calcula el **efectivo** (E) de cada efecto, por diferencia entre su **nominal** (N) y su **descuento** (D), lo que es equivalente a aplicar la fórmula $E = N \left(1 - d\frac{n}{360} - \frac{c}{100}\right)$. Deducidos otros gastos y comisiones por efecto y sumado todo, obtenemos el **líquido** de la remesa presentada al cobro por parte de la empresa; evidentemente, es un importe inferior a la suma de los nominales de todos los efectos: la empresa cede al banco parte de esa suma de los nominales, a cambio de no esperar al vencimiento de los efectos para disponer de liquidez.

Antes de proponer un ejemplo de descuento, definimos:

- **Coste efectivo para el cliente:** es el tipo de interés efectivo, normalmente anual, que, calculado en régimen compuesto, iguala los capitales realmente percibidos y entregados por parte de la empresa cliente; se consideran para su cálculo todas las comisiones y gastos.

- **Tasa anual equivalente:** es el tipo de interés efectivo y anual que, calculado en régimen compuesto, iguala prestaciones y contraprestaciones de la operación; se calcula en el momento del descuento, teniendo en cuenta que:

  1. Incluye comisiones y gastos pagados por el cliente, cuyo devengo sea a favor del banco (no se incluyen los gastos de intervención notarial).

  2. Solo se incluye el importe de las comisiones que, por efecto, exceda del mínimo tarifado por la entidad financiera.

  3. No se incluyen los efectos comerciales con vencimiento inferior a 15 días naturales.

Ejemplo:

La empresa Y tiene en su poder una serie de letras de cambio, que opta por presentar para su descuento a la entidad bancaria de la que es cliente, para disponer así de liquidez. La remesa la presenta al cobro el día 6 de mayo de 20X4, y está compuesta por los efectos comerciales:

NOMINAL	VENCIMIENTO	GASTOS
1230,00 €	12/05/20X4	0,18 €
305,06 €	20/05/20X4	0,15 €
3812,13 €	19/06/20X4	0,24 €
2200,00 €	02/07/20X4	0,12 €
180,00 €	07/08/20X4	—

El banco aplica un tipo de descuento del 6 % para vencimientos hasta 30 días, del 8 % para vencimientos superiores a 30 y hasta 60 días, y un 10 % para vencimientos superiores a 60 días. Se contabiliza un número mínimo de 14 días de descuento, y se aplica una comisión del 0,3 % por efecto, con un mínimo de 1,40 €.

¿Cuál es el importe líquido que percibe el cliente?

Comenzamos a calcular el efectivo correspondiente a cada efecto, colocando los importes en una tabla, que facilite el cálculo del líquido de la remesa:

Nótese que el primer efecto vence el día 12 de mayo y ha sido presentado al descuento el día 6; aunque solo median 6 días naturales entre ambas fechas, la entidad bancaria cobrará los 14 que tiene estipulado como mínimo.

NOMINAL	N.º DÍAS (n)	TIPO DE DESCUENTO (d)	DESCUENTO $D = N \times d \times \frac{n}{360}$	COMISIÓN $C = N \times \frac{c}{100}$	GASTOS (G)	LÍQUIDO
1230,00 €	(6) 14	0,06	2,87 €	3,69 €	0,18 €	1223,26 €
305,06 €	14	0,06	0,71 €	1,40 €	0,15 €	302,80 €
3812,13 €	44	0,08	37,27 €	11,44 €	0,24 €	3763,18 €
2200,00 €	57	0,08	27,87 €	6,60 €	0,12 €	2165,41 €
180,00 €	93	0,10	4,65 €	1,40 €	—	173,95 €

Calculamos el importe líquido total, sumando los importes de la última columna:

TOTAL LÍQUIDO ABONADO EN CUENTA AL CLIENTE = 7628,6 €

Suponiendo que tuviéramos que calcular la tasa anual equivalente (TAE) de la operación, habría que recalcular el líquido de cada efecto, teniendo en cuenta que: los efectos con vencimiento inferior a 15 días quedan excluidos; que no se consideran los gastos; y que, como comisión, se considera el importe que exceda del mínimo tarifado por la entidad bancaria.

Si suponemos un mínimo tarifado para las comisiones de 1,70 €, en nuestro ejemplo tendríamos:

NOMINAL	N.º DÍAS (n)	TIPO DE DESCUENTO (d)	DESCUENTO $D = N \times d \times \frac{n}{360}$	COMISIÓN $C = N \times \frac{c}{100}$	LÍQUIDO
3812,13 €	44	0,08	37,27 €	11,44 € – 1,70 € = 9,74 €	3765,12 €
2200,00 €	57	0,08	27,87 €	6,6 € – 1,70 € = 4,9 €	2167,23 €
180,00 €	93	0,10	4,65 €	—	175,35 €

TOTAL LÍQUIDO TAE = 6107,7 €

La tasa anual equivalente es el tipo de interés anual que, en capitalización compuesta, iguala prestaciones y contraprestaciones de la operación; se calcula siempre referida al momento actual; en nuestro ejemplo, la siguiente sería la ecuación que permitiría el cálculo de la TAE.

$$6107,7 = 3812,13 \left(1 + TAE\right)^{-44/365} + 2200,00 \left(1 + TAE\right)^{-57/365} + 180,00 \left(1 + TAE\right)^{-93/365}$$

4.3.2. Cálculo del descuento racional

Del descuento simple racional ya hemos comentado anteriormente, que se utiliza en pocas ocasiones y solo en operaciones de descuento a corto plazo, siendo la operación inversa de la capitalización simple: $C_0 = C_n \left(1 + ni\right)^{-1}$

Ejemplo:

Supongamos que hemos decidido adquirir letras de Tesoro, por un nominal de 1000 € y vencimiento 6 meses. Calcular su valor de emisión si su rentabilidad anual es del 5 %.

Ya sabemos que el Gobierno puede necesitar financiación para el déficit público; entre las opciones de las que dispone, una es la emisión de deuda pública, una forma de pedir dinero prestado a las familias y empresas, incluso al resto del mundo, que se materializa en los bonos del Estado y las letras del Tesoro. Estos son valores de renta fija a corto plazo, emitidos al descuento (el precio de adquisición es inferior al nominal), con total liquidez y garantía; esta la otorga el Estado, que es el emisor de las letras.

El ejemplo anterior se solucionaría aplicando la fórmula:

$C_0 = C_n \left(1 + ni\right)^{-1} = 1000 € \left(1 + 0,06\right)^{-1} = 970,87 €$; este es el valor de emisión de la letra; llegado el vencimiento, el Estado paga al adquirente de la letra, el importe de 1000 €, que incluye el precio de adquisición o de compra (970,87 €), más los intereses correspondientes a esos 6 meses [970,87 € × 0,06 × (6 / 12) = = 29,13 €].

4.4. Cuentas corrientes

Cuando hablamos de cuentas corrientes, solemos pensar en aquellas que los individuos y las empresas tenemos abiertas en las entidades financieras, y que utilizamos para depositar nuestros ingresos, domiciliar nuestros recibos, sacar dinero en el cajero con la tarjeta… Son las denominadas cuentas a la vista o de ahorro, que movilizamos a través de la utilización de cheques, transferencias y tarjetas de débito o crédito, por cuyos saldos positivos esperaríamos que el banco nos abonase un interés, lo que no siempre es así, y por cuyos saldos negativos sabemos que estamos obligados a pagar unos intereses y comisiones.

En realidad, el concepto de cuenta corriente abarca las cuentas a la vista o de ahorro, pero también las cuentas de crédito, que otorgan un límite de disposición dineraria que utilizar por el cliente por medio de los cheques, transferencias y tarjetas, igual que en el caso de las cuentas a la vista.

El objetivo de este epígrafe es ampliar el concepto de cuenta corriente a las relaciones empresariales, sin necesidad de la mediación de un banco, y centrarlo en las cuentas a la vista, dejando las cuentas de crédito para más adelante.

4.4.1. Concepto

Una cuenta corriente es una operación financiera pactada entre dos personas, físicas o jurídicas, entre quienes se realiza el intercambio de capitales que caracteriza toda operación financiera, y que no es simultáneo en este caso. Se trata, además, de una operación compuesta, dado que los mencionados capitales son varios por ambas partes intervinientes; es decir, prestación y contraprestación son múltiples.

Las diferencias resultantes entre los capitales de la prestación y los de la contraprestación se saldan en un momento determinado del tiempo que se denomina fecha de cierre, y conforme a la ley financiera de capitalización simple; recordamos que es ésta la utilizada normalmente, en operaciones financieras a corto plazo.

Podemos considerar distintas clases de cuentas corrientes:

1. Si consideramos las partes que intervienen y conciertan la operación financiera, podemos diferenciar entre cuentas **corrientes comerciales** y **bancarias.** Las primeras son suscritas entre dos empresas o particulares, mientras que en las bancarias, uno de los intervinientes ha de ser una entidad financiera o de crédito, es decir, un banco.

2. Dentro de las cuentas corrientes bancarias tenemos las **de depósito** y las **de crédito.** Las de depósito son las que utilizamos los particulares y las empresas para ingresar fondos, de los que disponer parcial o totalmente. Las de crédito son las que las empresas utilizan como una de sus vías de financiación ajena, y por las que el banco pone a su disposición un límite de crédito.

En este epígrafe nos centramos en el estudio de las cuentas corrientes de depósito, que podemos clasificar en:

1. Atendiendo a los **titulares**:

   — **Individual**: solo hay un titular.

   — **Conjunta**: hay más de un titular y todos actúan conjuntamente, siendo exigible la firma de todos para retirar fondos.

   — **Indistinta**: hay más de un titular, siendo bastante la firma de uno de ellos para movilizar los fondos de la cuenta.

2. Atendiendo a los **intereses**:

   — **Simples o sin intereses**: se caracterizan por capitales que no devengan intereses ni a favor ni en contra de las partes; de ahí que se denominen también cuentas sin intereses. Su saldo es la diferencia entre el los ingresos y las disposiciones.

   — **Con intereses**: los capitales generan intereses por el período entre la fecha de valor y la fecha de liquidación. Estas cuentas son de dos tipos: **de interés recíproco,** si devengan el mismo interés para los capitales deudores y acreedores, y de **interés no recíproco,** cuando no hay tal coincidencia; normalmente, el interés aplicado a los saldos deudores es mayor que el aplicado a los saldos acreedores.

4.4.2. Movimientos. Procedimiento de liquidación. Cálculo de intereses

Ya hemos dicho que la cuenta corriente conlleva un acuerdo entre dos partes. Una de ellas es la empresa o entidad (por ejemplo, el banco) en la que la otra, el titular o cliente, abre dicha cuenta. Desde una perspectiva contable, en el **haber** de la cuenta se procede a anotar los importes a favor del titular de la misma, y en el **debe,** los importes en su contra. Los primeros constituyen los **abonos** y los segundos, los **cargos.**

La liquidación de la cuenta se lleva a cabo periódicamente: cada mes, trimestre, semestre…; depende de lo pactado entre los intervinientes en el contrato, pero siempre con una periodicidad inferior al año, ya que se trata de operaciones a corto plazo. El último día del período determinado es el denominado fecha de cierre, cuando se calculan los intereses devengados, comisiones y gastos, procediendo a su anotación en cuenta. En el caso de las cuentas empresariales, pueden existir además descuentos y rápeles a favor del cliente.

En las cuentas corrientes bancarias se distinguen dos tipos de fechas en las anotaciones: la fecha de la operación, que es la referente a la contabilización de la misma, y la fecha de valor; es esta última la relevante tanto para los cargos como para los abonos, a la hora de calcular los intereses devengados.

Respecto a la liquidación, se puede llevar a cabo teniendo en cuenta tres tipos o métodos:

- Directo: cada capital, deudor o acreedor, devenga intereses desde la fecha de vencimiento hasta la fecha de liquidación.

- Indirecto: cada capital genera intereses desde la fecha en la que se origina hasta una fecha fija denominada época. No es una liquidación real, ya que cuando se determina la fecha de liquidación debe rectificarse.

- Hamburgués: la liquidación se hace teniendo en cuenta los saldos que van apareciendo en la cuenta, no los capitales.

El método hamburgués, por el cual se obtienen los intereses generados por los distintos saldos parciales que presenta la cuenta, utilizando la ley de capitalización simple, es el utilizado en la actualidad y en el que centramos nuestro estudio.

Podemos, entonces, enumerar una serie de pasos necesarios para proceder a la liquidación de una cuenta corriente bancaria a la vista:

1. Se deben ordenar todos los capitales atendiendo a la fecha de valor.

2. Se calculan los saldos y el número de días que cada uno permanece en la cuenta.

3. Se obtienen los números comerciales, como el producto entre el saldo y el número de días que se mantiene; se distinguen los números comerciales acreedores y deudores.

4. Se calculan los intereses deudores y los acreedores:

   Intereses acreedores = (Números comerciales acreedores × Tipo de interés acreedor) / 365

5. Intereses deudores = (Números comerciales deudores × Tipo de interés deudor) / 365

Se calculan comisiones, gastos, retenciones… y se cierra la cuenta.

De las cuentas corrientes a la vista, ya hemos dicho que son de naturaleza acreedora; esto es, los saldos parciales que presenta a lo largo del período han de ser positivos. Excepcionalmente, la entidad bancaria puede permitir la existencia de saldos negativos, conocidos coloquialmente como números rojos y técnicamente como descubiertos en cuenta. En estos casos, dichos saldos devengan, además de los correspondientes intereses deudores, una comisión de descubierto. Se calcula como un porcentaje aplicado al mayor saldo deudor, atendiendo a la fecha de operación; es decir, las anotaciones deben ordenarse según fecha de operación y no de valor.

En cuanto a comisiones y gastos, entre las primeras se encuentran la de mantenimiento y la de administración. La primera corresponde a la propia existencia de la cuenta: el banco cobra una comisión por mantener abierta la cuenta corriente. La de administración, también llamada por apunte, se aplica a cada anotación en cuenta realizada. Evidentemente, existen contratos que reconocen la bonificación de estas comisiones para según qué condiciones que debe cumplir el cliente o titular de la misma. El banco, además, está obligado a realizar la correspondiente retención de IRPF sobre los intereses acreedores.

En el caso de las cuentas corrientes empresariales, la existencia o no de intereses, gastos y bonificaciones responde a las condiciones estipuladas entre ambas empresas o particulares, si bien no hay comisiones de mantenimiento ni administración, retenciones de IRPF ni penalización de descubierto.

Ejemplo:

Con los datos facilitados a continuación, proceder a la liquidación de la siguiente cuenta corriente bancaria a la vista:

Fecha liquidación: 30 de junio   *Liquidación mensual*

Interés acreedor: 1,5 % nominal   *Interés deudor: 6,5 % nominal*

Comisión de mantenimiento: 4 €/mes

Comisión de descubierto: 0,6 %   *Retención IRPF: 19 %*

Fecha operación	Concepto	Capitales		Saldos		Fecha valor	Núm. días	Números comerciales	
		Debe	Haber	Debe	Haber			Deud. 6,5 %	Acreed. 1,5 %
31-05	Saldo anterior		3000		3000	31-05	5		15 000
03-06	Venta mercancía		5000		8000	04-06	6		48 000
10-06	Pago suministro	4500			3500	10-06	4		14 000
15-06	Compra mercancía	4000		500		14-06	8	4000	
22-06	Venta mercancía		6300		5800	22-06	7		40 600
28-06	Pago seguro	3200			2600	29-06	1		2600
30-06	Liquidación					30-06		4000	120 200
	Int. Acreed.		4,94						
	IRPF	0,94							
	Int. deud.	0,71							
	Comisión descubierto	3							
	Comisión mantenimiento	4							
	Total líquido	3,71							
30-06	Saldo cuenta				2596,29 €				

Calculamos:

Intereses acreedores = $\dfrac{120\,120 \times 0,015}{365}$ *= 4,94 €, sometidos a retención del 19 % en concepto de IRPF.*

Intereses deudores = $\dfrac{4000 \times 0,065}{365}$ *= 0,71 €.*

Para calcular la comisión de descubierto, debemos tener ordenados los movimientos por fecha de operación, y no de valor; en este caso, el orden no se ve alterado, así que el mayor saldo deudor es 500 €; la comisión se obtiene como el 0,6 % sobre 500 €.

El importe líquido será deudor o acreedor, dependiendo de si la liquidación de la cuenta le es favorable o no al titular.

El importe que figura como saldo en cuenta acreedor a la fecha de cierre será el asiento de apertura de los movimientos para el mes siguiente.

4.5. Cuentas de crédito

En el epígrafe anterior ya hemos hecho cierta referencia a este tipo de cuentas, que también denominamos corrientes, y que describimos como bancarias; es decir, comentamos a continuación las características de estas cuentas como un límite de crédito que el banco pone a disposición del cliente.

Al inicio del manual ya fueron mencionadas como uno de los instrumentos de financiación al alcance de la empresa, que le permite obtener liquidez y que es importante no confundir con el préstamo bancario: la cuenta de crédito pone a disposición de la empresa un importe, que puede utilizar de una vez o en sucesivas disposiciones, liquidándose los intereses por el importe dispuesto o utilizado; en el caso del préstamo, ese importe sí se dispone de una vez al inicio de la operación, de manera que los intereses se pagan al banco por el total del importe solicitado y según el plazo de la operación.

4.5.1. Concepto. Movimientos. Procedimiento de liquidación. Cálculo de intereses

Como ya se ha estudiado en el Apartado 1.2.1, son operaciones financieras suscritas entre una entidad bancaria y una persona, física o jurídica, que llamamos cliente o titular. Se trata de un profesional autónomo o una empresa, y no un particular, en el sentido de que son operaciones necesarias para desarrollar una actividad empresarial o profesional; no pueden ser utilizadas con el objetivo de financiar el consumo, como sería la compra de un coche, la financiación de la reforma de la casa o su adquisición.

El banco pone a disposición del cliente un determinado capital que constituye el denominado límite de crédito, del que se van realizando sucesivas disposiciones por parte del titular de la cuenta, y por las que se pagarán los correspondientes intereses deudores. Estas disposiciones no pueden superar el límite de crédito concedido por la entidad, salvo que esta lo autorice expresamente, y siempre con carácter excepcional; en el caso de darse tal exceso sobre el límite de crédito, se produce el devengo de intereses deudores a un tipo superior al aplicado al saldo no excedido, además de una comisión de excedidos.

Todo lo anterior explica la naturaleza deudora de estas cuentas, pese a lo cual pueden presentar saldo acreedor de manera ocasional, que se liquidaría a un tipo de interés similar al de las cuentas corrientes a la vista. También existe una comisión de disponibilidad, que se justifica por tener el cliente ese crédito a su disposición.

Dado que, como ya hemos mencionado, se trata de una cuenta corriente, su liquidación se realiza utilizando el método hamburgués, igual que en el caso de las cuentas a la vista, con cálculo diario de intereses. Pese a esta consideración de cuenta corriente, no debemos perder de vista que se trata de una operación de crédito y, por tanto, de activo para la entidad financiera; por esta razón, para el cliente tiene una serie de costes, tanto en el momento de la apertura de la cuenta como en las sucesivas liquidaciones.

En el momento inicial, al abrir la cuenta, el cliente debe hacer frente al pago de la **comisión de apertura**, calculada como un porcentaje que aplicar sobre el límite del crédito, y a los **gastos de notaría**, derivados de la intervención del contrato por parte del fedatario público. Este último importe, que no es favorable a la entidad financiera, sí es provocado por ella, al requerir la intervención de un notario, elevando a público el carácter privado del contrato entre la propia entidad y el cliente, con el objetivo de fortalecer su posición acreedora en caso de incumplimiento por parte del deudor.

Como ya se ha mencionado anteriormente, el contrato de cuenta de crédito tiene una duración máxima de un año, normalmente, siendo susceptible de renovación en ese momento. Esta exige el pago de la comisión y gastos señalados anteriormente y correspondientes a la apertura, ya que cada renovación es considerada una nueva apertura.

Las relaciones entre la entidad y el cliente pueden determinar que el último no tenga que hacer frente al pago de la comisión de apertura; incluso la intervención notarial podría no ser requerida. Todo depende de lo elevado o no que resulte el importe del límite de crédito, o si la entidad considera suficientemente probada la solvencia y responsabilidad de actuación por parte de su cliente.

Respecto a las sucesivas liquidaciones, podemos enumerar los siguientes elementos de coste:

- Intereses deudores, calculados sobre el saldo deudor que no exceda el límite.

- Intereses excedidos, calculados sobre el saldo deudor que exceda el límite de crédito.

- Comisión de excedidos, calculada como el resultado de aplicar un porcentaje al mayor saldo excedido, según fecha de operación.

- Comisión de disponibilidad, calculada como un porcentaje aplicado al saldo medio no dispuesto, ordenadas las anotaciones por fecha de operación.

De forma análoga a las cuentas corrientes a la vista, la liquidación de las cuentas de crédito exige que se den una serie de pasos:

1. Se deben ordenar todos los capitales atendiendo a la fecha de valor.

2. Se calculan los saldos deudores, acreedores y excedidos, así como el número de días que cada uno permanece en la cuenta.

3. Se obtienen los números comerciales, como el producto entre el saldo y el número de días que se mantiene; se distinguen los números comerciales deudores, acreedores y excedidos.

4. Se calculan los intereses deudores, acreedores y excedidos:

   Intereses deudores = (Números comerciales deudores × Tipo de interés deudor) / 365

   Intereses acreedores = (Números comerciales acreedores × Tipo de interés acreedor) / 365

   Intereses excedidos = (Números comerciales excedidos × Tipo de interés de excedidos) / 365

5. Se calculan las comisiones de disponibilidad y de excedidos, gastos, retenciones... y se cierra la cuenta.

Ejemplo:

Con los datos facilitados a continuación, calcular la liquidación de la siguiente cuenta corriente bancaria de crédito:

Fecha liquidación: 31 de octubre *Liquidación mensual*

Interés acreedor: 0,1 % nominal *Interés deudor: 5,5 % nominal*

Interés excedido: 10 % nominal *Límite de crédito: 200 000 €*

Comisión de apertura: 2 % *Comisión excedido: 1,5 %*

Comisión de disponibilidad: 0,6 % *Retención IRPF: 19 %*

Fecha operación	Concepto	Capitales		Saldos		Fecha valor	Núm. días	Números comerciales		
		Debe	Haber	Debe	Haber			Deud. 5,5 %	Exced. 10 %	Acreed. 0,1 %
30-09	Saldo anterior	150 000		150 000		30-09	1	150 000		
01-10	Compra mercancía	50 000		200 000		01-10	5	1 000 000		
06-10	Pago seguro	50 000		250 000		06-10	2	400 000	100 000	
07-10	Venta mercancía		5000	245 000		08-10	21	4 200 000	945 000	
28-10	Venta mercancía		100 000	145 000		29-10	1	145 000		
30-10	Pago indemnización	150 000		295 000		30-10	1	200 000	95 000	
31-10	Venta mercancía		10 000	285 000		31-10	0	0	0	
31-10	Liquidación					31-10		609 5000	1 140 000	
	Int. acreed.		—							
	IRPF		—							
	Int. deud.	918,42								
	Int. exced.	312,33								
	Comisión excedidos	1425,00								
	Comisión disponib.	30,97								
	Total líquido	2686,72								
30-06	Saldo cuenta			287 686,72						

Calculamos:

Intereses acreedores: no procede su cálculo, puesto que la cuenta no presenta saldo acreedor en ningún momento; es decir, no se ha dado el caso de que el límite del crédito estuviera totalmente disponible, y además la empresa tuviera más dinero a su favor en esa cuenta.

$$\text{Intereses deudores} = \frac{6\,095\,000 \times 0,055}{365} = 918,42\ €$$

$$\text{Intereses excedidos} = \frac{1\,140\,000 \times 0,1}{365} = 312,33\ €$$

Para calcular las comisiones, los movimientos de la cuenta han de estar ordenados por fecha de operación, y no por fecha de valor. Como en nuestro ejemplo no hay diferencia en el orden, teniendo en cuenta la fecha de valor y la de operación, el mayor saldo excedido es del día 30-10, por importe de 95 000 €: el saldo deudor es de 295 000 € en esa fecha, pero el límite del crédito en cuenta es de 200 000.

Comisión de excedidos = 1,5 % × 95 000 = 1425,00 €

Para calcular la comisión de disponibilidad, además de ordenar los movimientos por fecha de operación, es necesario calcular el saldo medio no dispuesto (SMND):

$$SMND = \frac{Suma\ de\ los\ números\ comerciales\ correspondientes\ al\ saldo\ no\ dispuesto}{Número\ total\ de\ días}$$

Fecha operación	Concepto	Capitales		Saldos		Núm. días	Saldo no dispuesto	Núm. comerciales saldo no dispuesto
		Debe	Haber	Debe	Haber			
30-09	Saldo anterior	150 000		150 000		1	50 000	50 000
01-10	Compra mercancía	50 000		200 000		5	0	0
06-10	Pago seguro	50 000		250 000		2	—	—
07-10	Venta mercancía		5000	245 000		21	—	—
28-10	Venta mercancía		100 000	145 000		2	55 000	110 000
30-10	Pago indemnización	150 000		295 000		1	—	—
31-10	Venta mercancía		10 000	285 000		0	—	—

$$SMND = \frac{160\,000}{31} = 5161,29\ €$$

Comisión de disponibilidad = 0,6 % × 5161,29 = 30,97 €

En este ejemplo, la comisión de apertura que se indica en el enunciado no procede incluirla en la liquidación.

La comisión de apertura se paga al inicio de la operación, calculada como un porcentaje sobre el límite de crédito. Normalmente, la póliza de crédito se firma por un período de tiempo determinado, siendo necesario estudiar nuevamente la operación para poder renovarla; en ese momento, se paga la comisión de apertura, independientemente de que ya se hubiera pagado la primera vez que se firmó la póliza. No se paga mensualmente, con la liquidación de intereses.

Cálculo de la TAE

Uno de los componentes más conocidos por el público, en lo que a operaciones de préstamo y crédito se refiere, es la denominada TAE, si bien ya no es tan conocido su significado.

La TAE es la tasa anual equivalente; un tipo de interés efectivo y anual que, en capitalización compuesta, iguala los capitales que componen prestación y contraprestación. Estos capitales son los intercambiados entre acreedor y deudor; esto es, no se consideran aquellos capitales desembolsados por el deudor, que no sean favorables al acreedor ni los percibidos por este, que no supongan un coste para el deudor, si bien este último es más difícil de encontrar en casos reales. Es por esta razón, que no se tienen en cuenta los gastos derivados de la intervención notarial en los contratos de préstamo y, por tanto, tampoco en los contratos de crédito, como son las cuentas de crédito anteriormente descritas.

La TAE no se calcula únicamente en las operaciones que representan endeudamiento para la empresa; también procede su cálculo en operaciones de constitución, en las que la empresa realiza imposiciones a fin de llegar a alcanzar determinado montante, como en los planes de ahorro, de pensiones… Incluso en las cuentas corrientes, dado que se devengan intereses acreedores y deudores, también procede el cálculo de la TAE.

Para los casos que nos ocupan, tanto de cuentas corrientes a la vista como las de crédito, se establece una serie de normas para el cálculo de la TAE:

Respecto a las cuentas corrientes a la vista:

a) Se consideran los importes brutos; esto es, sin retenciones ni ventajas fiscales.

b) No se incluyen las comisiones derivadas de servicios de caja, como la de mantenimiento ni la de administración.

c) Si se dan situaciones de descubierto, han de calcularse dos tasas: la TAE acreedora y la deudora.

d) Si el tipo de interés nominal fuese del 2,5 % o superior, se podrá tomar como tasa anual equivalente el 2,5 %.

e) En los descubiertos en cuenta, no podrá aplicarse un tipo de interés que diera lugar a una TAE superior a 2,5 veces el interés legal del dinero.

En lo referente a las cuentas corrientes de crédito, se calcula una TAE del contrato en el momento de su formalización, y en cada liquidación se calculan la TAE deudora, la acreedora y la de excedidos; para estas últimas, no se considera la comisión de disponibilidad, y los cálculos se realizan sobre los saldos efectivamente dispuestos, por fecha de valor.

En el ejemplo anterior de liquidación de cuenta:

En la corriente a la vista, podemos calcular la TAE acreedora y la deudora:

Cálculo de la TAE acreedora:

$$Saldo\ medio\ acreedor\ (SMA) = \frac{Suma\ números\ comerciales\ acreedores}{Número\ de\ días\ con\ saldo\ acreedor} =$$

$$= \frac{120\ 200}{23} = 5226,09$$

Importes acreedores = Intereses acreedores = 4,94

$$Rendimiento\ unitario = \frac{Importes\ acreedores}{SMA} = \frac{4,94}{5226,09} = 0,000945$$

$$(1 + 0,000945)^{365/23} = (1 + TAE)$$

TAE acreedora de 1,51 % aproximadamente.

Cálculo de la TAE deudora:

$$Saldo\ medio\ deudor\ (SMD) = \frac{Suma\ números\ comerciales\ deudores}{Número\ de\ días\ con\ saldo\ deudor} = \frac{4000}{8} = 500$$

Cargas deudoras = Intereses deudores + Comisión de descubierto = 0,71 + 3 = 3,71

$$Carga\ unitaria\ deudora = \frac{Cargas\ deudoras}{SMD} = \frac{3,71}{500} = 0,00742$$

$$(1 + 0,00742)^{365/8} = (1 + TAE)$$

TAE deudora de un 40,11 %, aproximadamente.

En la de crédito, podemos calcular la TAE deudora y la de excedidos:

Cálculo de la TAE deudora:

$$Saldo\ medio\ deudor\ (SMD) = \frac{Suma\ números\ comerciales\ deudores}{Número\ de\ días\ con\ saldo\ deudor} =$$

$$= \frac{6\ 095\ 000}{31} = 196\ 612,9$$

Cargas deudoras = Intereses deudores = 918,42

$$Carga\ unitaria\ deudora = \frac{Cargas\ deudoras}{SMD} = \frac{918,42}{196\ 612,9} = 0,00467$$

$$(1 + 0,00467)^{365/31} = (1 + TAE)$$

TAE deudora de un 5,64 %, aproximadamente.

Cálculo de la TAE excedidos:

$$\text{Saldo medio excedido (SME)} = \frac{\text{Suma números comerciales excedidos}}{\text{Número de días con saldo excedido}} =$$

$$= \frac{1\,140\,000}{24} = 47\,500$$

Cargas excedidas = Intereses excedidos + Comisiones excedidas = 312,33 + 1425 =
= 1737,33

$$\text{Carga unitaria excedidas} = \frac{\text{Cargas excedidas}}{\text{SME}} = \frac{1737,33}{47\,500} = 0,0366$$

$$(1 + 0,0366)^{365/24} = (1 + TAE)$$

TAE excedidas de un 72,75 %, aproximadamente.

4.6. Cálculo de comisiones bancarias

Las comisiones bancarias son gastos para el cliente e ingresos para la entidad bancaria. Esta las cobra en concepto de gastos de servicios bancarios, originados por la operación de la que estemos tratando con la entidad: enviar una transferencia, conformar un cheque, el mantenimiento de una cuenta corriente, la apertura de una cuenta de crédito...

El cobro de dichas comisiones es potestad de cada entidad bancaria; el Banco de España no puede imponerlas, ni prohibirlas o limitarlas. Solo en casos muy concretos existe regulación del importe de las comisiones: están sometidas a la Ley 2/1994, las comisiones por cancelación o amortización anticipada de préstamos hipotecarios; y están sometidas a la Ley 16/2011, las que afectan a créditos al consumo.

Las comisiones deben responder a la efectiva prestación de un servicio, y cualquier modificación que se produzca en cuanto al importe o periodicidad de cobro de las comisiones asociadas a un producto, el cliente ha de ser informado de dichos cambios.

En el portal de clientes de banca del Banco de España (https://www.bde.es/wbe/es/para-ciudadano/), podemos encontrar, además de lo hasta ahora comentado, información sobre las comisiones bancarias asociadas a determinados productos, como préstamos hipotecarios, en los préstamos personales, en los depósitos a la vista, en las tarjetas o en los avales.

En los ejemplos anteriores de operaciones de descuento y liquidaciones de cuentas, corrientes y de crédito, hemos incorporado el cálculo de comisiones bancarias asociadas a los productos mencionados.

Autoevaluación

4.1. Las leyes financieras de capitalización:

    a) Permiten calcular un capital equivalente a uno dado, referido a un tiempo futuro.

    b) Se basan en la utilización del interés simple o compuesto, dependiendo de los plazos de la operación.

    c) Exigen, para su aplicación, que el interés y el período de tiempo considerado, estén referidos a la misma unidad temporal.

    d) Todas las respuestas anteriores son correctas.

4.2. Las letras del Tesoro son títulos de renta fija emitidos por el Estado, que se caracterizan por su total liquidez y garantía. Son emitidos al descuento, lo que significa que:

    a) Pueden formar parte de una remesa de efectos no comerciales, cuyo cobro o pago puede gestionarse.

    b) Una vez adquiridas, han de descontarse los gastos de suscripción, así como las retenciones correspondientes a IRPF.

    c) Las letras del Tesoro son emitidas con un valor nominal de 1000 € o múltiplo de esa cantidad. Sin embargo, el precio de adquisición es menor que el valor nominal, ya que este está referido al momento de su vencimiento, no al actual de adquisición.

    d) Son valores caracterizados por proporcionar considerables ganancias, pero también posibles pérdidas.

4.3. Las cuentas corrientes:

    a) Reflejan los movimientos bancarios de la empresa.

    b) Tienen por definición saldo acreedor, aunque el banco consienta al cliente, excepcionalmente, saldos deudores.

    c) Se liquidan con una periodicidad mensual, trimestral o semestral, pero inferior al año, en cualquier caso.

    d) Todas las respuestas anteriores son correctas.

4.4. Las cuentas de crédito:

a) Reflejan la concesión de un límite de crédito por parte del banco a la empresa, para financiarse cuando tiene problemas de liquidez.

b) Tienen, por naturaleza, saldo deudor; la empresa no puede superar el límite de crédito concedido, salvo concesión expresa del banco.

c) Normalmente se liquidan mensualmente.

d) Todas las respuestas anteriores son correctas.

4.5. El descuento de efectos comerciales:

a) Se refiere a la entrega, por parte de la empresa a la entidad financiera, de letras de cambio, únicamente, para anticipar su cobro.

b) Requiere de unas condiciones estándar, en cuanto a tipo de descuento (o de interés) y comisiones que aplicar.

c) Es muy caro, porque el banco no solo anticipa el pago a favor del cliente, sino que asume todo el riesgo de impago, llegado el vencimiento.

d) Es una operación muy utilizada por las empresas que aceptan cobrar a través de letras de cambio o pagarés, y que les permite disponer del dinero antes del vencimiento, a cambio de unos intereses y comisiones a favor del banco.

4.6. La cuenta de crédito y la cuenta corriente:

a) Tienen una operativa similar, a pesar de su diferente naturaleza: deudora la primera y acreedora la segunda.

b) Son productos que no tienen nada que ver, ya que la cuenta de crédito es igual que un préstamo, y la cuenta corriente es para tener el dinero depositado.

c) Se liquidan de forma completamente distinta; además la cuenta corriente genera más cálculos, al tener más comisiones asociadas.

d) Son productos bancarios que pueden ser contratados en cualquier momento por cualquier persona, sin necesidad de aprobación por parte del banco.

4.7. En el descuento de efectos comerciales:

a) Se utiliza una ley financiera de descuento simple.

b) Se consideran los días naturales que median entre la fecha de entrega del efecto y su vencimiento.

c) Si no son letras de cambio, es obligatorio pagar el timbre de los documentos, que irá a cargo de la empresa cedente de los efectos.

d) Todas las respuestas anteriores son correctas.

4.8. Las leyes financieras:

a) Solo son de capitalización, simple o compuesta.

b) Permiten calcular capitales equivalentes a unos dados, referido a un momento posterior en el tiempo (capitalización), o bien a uno anterior (descuento).

c) Son fórmulas matemáticas aplicadas a la liquidación de cuentas.

d) Ninguna de las respuestas anteriores es correcta.

4.9. Una empresa:

a) Puede solicitar una línea de crédito para adquirir una flota de vehículos necesarios para desarrollar su actividad.

b) Puede pedir un préstamo, para adquirir las mercaderías necesarias para el desarrollo de su actividad.

c) Son correctas las respuestas a y b.

d) Ninguna de las respuestas anteriores es correcta.

4.10. Una empresa titular de una cuenta corriente:

a) Puede enviar a cualquier empleado a realizar movilizaciones de fondos, sin apoderamientos especiales.

b) Puede ingresar un cheque a su nombre (nominativo), sin necesidad de que esté firmado por apoderado alguno.

c) Puede tener contratado el servicio de banca *online*, y realizar operaciones a través del mismo.

d) Ninguna de las respuestas anteriores es correcta.

5. Medios y plazos de presentación de la documentación

Introducción

Las empresas son agentes económicos, unidades de decisión cuyo cometido es producir bienes y servicios, para ofrecerlos posteriormente en los mercados; allí tendrán acceso a ellos las familias y, en general, el resto de agentes económicos. Esta provisión de bienes y servicios no es posible sin la utilización de los recursos productivos necesarios, entre los que destacamos la fuerza laboral.

Se puede afirmar, entonces, que las empresas transforman los recursos productivos *(inputs)*, que contratan o adquieren, en los bienes y servicios *(outputs)* requeridos por otras unidades de decisión, utilizando para ello determinada tecnología. Esta se puede decir que es la forma que tiene la empresa de combinar los *inputs* para obtener el *output*.

Esta actividad empresarial persigue el objetivo de obtener el máximo beneficio. Para alcanzarlo, es fundamental el correcto funcionamiento de todos los departamentos en los que se organiza la empresa, entre los que debe existir fluidez en la información y comunicación, para evitar errores en la gestión de las partes de la empresa, así como de ella misma.

En el sentido de lo expuesto, ya se ha comentado en otros capítulos la importancia del departamento de tesorería dentro del financiero, gestionando adecuadamente los cobros y pagos para conseguir agilizar los primeros y dilatar los segundos; pero, sobre todo, para evitar situaciones de impagos por falta de liquidez, así como la existencia de excedentes de tesorería que resulten improductivos.

La adecuada cumplimentación y presentación de los documentos requeridos, principalmente por organismos públicos como la Agencia Tributaria o la Tesorería de la Seguridad Social, forman parte de esas acciones que se deben realizar por la empresa que le permiten desempeñar su papel en las relaciones económicas, sin perder de vista su objetivo de maximización del beneficio.

Contenido

5.1. Formas de presentar la documentación sobre cobros y pagos

La actividad empresarial de adquisición de factores de producción y oferta de bienes y servicios, es decir, de compras y ventas, lleva asociada una corriente de entradas y salidas de tesorería o dinero. La empresa anota en sus libros registro los movimientos relativos a la producción, en términos de entradas y salidas de bienes y servicios, así como los relativos a la corriente monetaria.

Los mencionados libros registro son de obligado cumplimiento en determinados casos, dependiendo de qué libros y para qué empresas, estando otros sometidos a la potestad de la empresa, sin que puedan ser exigidos por organismo alguno.

Sin embargo, todos los registros, obligatorios y voluntarios, facilitan la confección de la documentación que la empresa debe elaborar para dar cuenta de su rendimiento ante la Agencia Tributaria, o para no cometer errores en la comunicación a la Seguridad Social de los trabajadores empleados, etc. Es decir, extremar el cuidado en las anotaciones de las operaciones empresariales por parte de las personas responsables, facilita la ya mencionada comunicación interdepartamental y la fluidez en la transmisión de la información. De esta manera, las personas encargadas de elaborar y presentar la documentación requerida pueden hacerlo minimizando los errores y respetando los plazos.

Las empresas y aquellas personas físicas que desarrollan por cuenta propia una actividad empresarial están obligadas a llevar una serie de libros, atendiendo a la legislación contable o mercantil:

- Libro diario (art. 25 del Código de Comercio).

- Libro de inventarios y cuentas anuales, que incorpora el balance, la cuenta de pérdidas y ganancias y la memoria (art. 25 del Código de Comercio).

- Libro de actas, solo en el caso de las sociedades (art. 26 del Código de Comercio).

- Libro registro de acciones nominativas, solo las sociedades anónimas y libro registro de socios, las sociedades de responsabilidad limitada (arts. 27 y 28 del Código de Comercio).

Según instrucción de la Dirección General de los Registros y el Notariado (DGRN), fechada el 12 de febrero de 2015, la legalización de los libros antes detallados ha de realizarse en el plazo de los cuatro meses siguientes al cierre del ejercicio social, siendo este, por lo general, a 31 de diciembre.

Dicha instrucción, en sus disposiciones tercera y vigesimoprimera, dispone los plazos señalados en aplicación del artículo 18 de la Ley 14/2013, de 27 de septiembre, de apoyo a los emprendedores y su internalización, que en su punto 1 dice: *Todos los libros que obligatoriamente deban llevar los empresarios con arreglo a las disposiciones legales aplicables, incluidos los libros de actas de juntas y demás órganos colegiados, o los libros registros de socios y de acciones nominativas, se legalizarán telemáticamente en el Registro Mercantil después de su cumplimentación en soporte electrónico y antes de que transcurran cuatro meses siguientes a la fecha del cierre del ejercicio.*

Además, el Reglamento del Registro Mercantil, en su artículo 333, apartados 2 y 3, dispone: *2. Los libros obligatorios a que se refiere el apartado anterior deberán ser presentados a legalización antes de que transcurran los cuatro meses siguientes a la fecha de cierre del ejercicio. 3. En el caso de que la legalización se solicite fuera del plazo legal, el Registrador lo hará constar así en la diligencia del Libro y en el asiento correspondiente del Libro-fichero de legalizaciones.* Los plazos de presentación mencionados quedaron en suspensión durante el estado de alarma decretado por el Gobierno en marzo de 2020, con arreglo al artículo 40.3 del Real Decreto-Ley 8/2020, de 17 de marzo, de medidas urgentes extraordinarias para hacer frente al impacto económico y social de la COVID-19.

La actividad empresarial también está sometida a las exigencias de la legislación fiscal, lo que supone la confección y presentación en plazo, de documentos ante la Agencia Tributaria. Este punto será tratado más adelante, pero podemos avanzar la obligatoriedad de presentar:

- Liquidaciones del impuesto sobre el valor añadido (IVA), a partir del libro registro de estas operaciones, en el que se anotarán las facturas, especificando su número y fecha, todos los datos relativos al emisor o destinatario de las mismas, el tipo impositivo y el importe del impuesto soportado o repercutido.

- Liquidaciones del impuesto sobre la renta de las personas físicas (IRPF), para las actividades empresariales y profesionales desarrolladas por autónomos.

- Liquidación del impuesto de sociedades, para las empresas con personalidad jurídica.

Respecto a la relación de las empresas con la Agencia Tributaria, es relevante hacer referencia al sistema VERIFACTU o VERI*FACTU.

Se trata de un sistema de verificación de facturas electrónicas, que ha desarrollado la Agencia Tributaria y que busca garantizar la integridad, trazabilidad y autenticidad de las facturas emitidas por empresas y autónomos, a fin de luchar contra el fraude fiscal y favorecer la digitalización de las empresas.

Como se explica en la propia sede electrónica de la AEAT (https://sede.agencia-tributaria.gob.es/Sede/iva/sistemas-informaticos-facturacion-verifactu/cuestiones-generales.html), la normativa que se aplica es:

- El sistema nace basado en la Ley 58/2003, de 17 de diciembre, General Tributaria, concretamente en el cumplimiento de lo especificado en el artículo 29.2.j: *La obligación, por parte de los productores, comercializadores y usuarios, de que los sistemas y programas informáticos o electrónicos que soporten los procesos contables, de facturación o de gestión de quienes desarrollen actividades económicas, garanticen la integridad, conservación, accesibilidad, legibilidad, trazabilidad e inalterabilidad de los registros, sin interpolaciones, omisiones o alteraciones de las que no quede la debida anotación en los sistemas mismos. Reglamentariamente se podrán establecer especificaciones técnicas que deban reunir dichos sistemas y programas, así como la obligación de que los mismos estén debidamente certificados y utilicen formatos estándar para su legibilidad.*

- El Real Decreto 1007/2023, de 5 de diciembre, en el que se regulan los requisitos de los sistemas informáticos de facturación (SIF) en el que no se modifican las obligaciones de facturación, por lo que las operaciones que no necesiten ser facturadas, según la Ley del Impuesto sobre el Valor Añadido, no estarán sujetas a este sistema. Sí hay una novedad, y es la incorporación en las facturas y también en las simplificadas, de un código QR que permita su verificación. A este RD se lo denomina Reglamento Veri*Factu.

- La Orden Ministerial HAC/1177/2024, de 17 de octubre, desarrolla el anterior reglamento, incorporando todos los elementos técnicos, como las condiciones para los proveedores de *software*, formatos, contenido de registros, etcétera.

- El Real Decreto 254/2025, de 1 de abril, que modifica el Real Decreto 1007/2023, en cuanto a los plazos de instauración del sistema.

La norma pretende la estandarización de los registros de facturación, por lo que un sistema de facturación será compatible con Veri*Factu, si cumple ciertos requisitos:

- Cada vez que se emite una factura, debe generar un registro de alta; y si la factura se rectifica o se anula, entonces debe generar un registro de anulación.

- No deben ser posibles las modificaciones ocultas; es decir, los registros anteriores no pueden modificarse o borrarse sin que quede constancia de ello.

- Deben incorporar mecanismos que garanticen que la factura y su registro son auténticos. Dichos mecanismos son la generación de un código *hash* o de huella digital.

- Los registros de facturación deben tener formato estandarizado, que garantice la accesibilidad, conservación, legibilidad y trazabilidad de los mismos, permitiendo a la Agencia Tributaria su lectura inmediata.

- Los registros de cada obligado tributario deben gestionarse separadamente, aunque el *software* sirva para varios.

- El sistema debe garantizar el envío de los registros a la Agencia Tributaria, de forma inmediata o cuando se requiera por parte la misma.

Para cumplir con la normativa, hay dos modalidades posibles:

1. VERI*FACTU: cada vez que se emite una factura (o se rectifica o anula), los registros se envían a la Agencia Tributaria inmediatamente en archivo XML, quedando verificadas en el mismo momento, ya que podrán consultarse por parte del cliente utilizando el código QR que han de incorporar.

2. NO VERI*FACTU: los registros no se envían automáticamente, pero el *software* debe garantizar su conservación y puesta a disposición de la Agencia Tributaria, cuando esta lo disponga. A tal efecto, también deben incorporar el código QR. Exigen requisitos adicionales de seguridad, además del hash mencionado, como la firma producida por el sistema emisor de las facturas.

Los proveedores de *software* deben tener sus programas listos para su comercialización antes del 29 de julio de 2025, siempre cumpliendo los requisitos exigidos en el Real Decreto 1007/2023.

Respecto a las empresas, las que son contribuyentes del impuesto de sociedades, deben tener sus sistemas de facturación adaptados al sistema Veri*Factu, para el 1 de enero de 2026.

Para los autónomos y otros obligados tributarios, el plazo de extiende hasta el 1 de julio de 2026.

Quedan excluidos del cumplimiento de esta normativa, además de quienes no están obligados a emitir facturas, las empresas adscritas al Suministro Inmediato de Información de la AEAT (SII), por el que se cumple con la obligación de los libros registro de IVA, a través de la sede electrónica de la AEAT.

Respecto al contenido del **registro de facturación (no de una factura)**, la Agencia Tributaria establece, en su sede electrónica, que debe incorporar:

a) *NIF y nombre y apellidos, razón o denominación social del emisor.*

b) *NIF y nombre y apellidos, razón o denominación social del destinatario de las operaciones. Siempre que la normativa lo exija, incluyendo el número atribuido por su país de residencia.*

c) Indicación de si la factura ha sido materialmente expedida por su destinatario o por un tercero. Y, en ese caso, NIF y nombre y apellidos, razón o denominación social del destinatario o tercero expedidor material.

d) El número y, en su caso, serie de la factura.

e) La fecha de expedición de la factura y la fecha en que se hayan efectuado las operaciones que se documentan en ella, o se haya recibido el pago anticipado, si son distintas a la de expedición de la factura.

f) El tipo de factura expedida, indicando si se trata de una factura completa o simplificada.

g) Si la factura tiene la consideración de rectificativa e identificación de las facturas rectificadas si es preceptivo.

h) Si la factura es emitida en sustitución de facturas simplificadas expedidas con anterioridad y la identificación de estas.

i) La descripción general de las operaciones.

j) El importe total de la factura.

k) Indicación del régimen o regímenes aplicados a las operaciones.

l) Indicación de si el destinatario de la factura es el sujeto pasivo en caso de que sea de aplicación el mecanismo de inversión del sujeto pasivo.

m) La base imponible de las operaciones, el tipo o tipos impositivos aplicados, la cuota del impuesto sobre el valor añadido, el tipo o tipos del recargo de equivalencia aplicados, y la cuota del recargo de equivalencia.

n) Si la operación no se encuentra sujeta al impuesto sobre el valor añadido, el importe que corresponde a dicha operación y la causa de la no sujeción al impuesto.

o) Cuando no se trate del primer registro de facturación generado por el sistema informático, el número y, en su caso, la serie, así como la fecha de expedición de la factura que consta en el registro de facturación de alta o de anulación, inmediatamente anterior, junto con parte de la huella o «hash» de dicho registro anterior.

p) El código de identificación del sistema informático utilizado, junto con los datos identificativos del productor del citado sistema informático.

q) Fecha, hora, minuto y segundo en que se genere el registro de facturación de alta.

r) Características adicionales que permitan conocer las circunstancias de generación del registro de facturación de alta.

145

El objetivo es un mayor control por parte de la Agencia Tributaria, que le permita ser más eficiente en la lucha contra el fraude, así como la estandarización de los sistemas de facturación.

Se puede obtener más información en las páginas web de algunos proveedores de *software*, como por ejemplo https://www.holded.com/es/programa-facturacion-verifactu.

Por último, mencionamos la documentación que se debe presentar ante la Seguridad Social, centrándonos en los ingresos obligatorios que ha de realizar la empresa, en concepto cotizaciones a cargo de la empresa, así como la parte correspondiente a los trabajadores empleados.

Aunque en la actualidad, internet se ha convertido en el medio más utilizado para la obtención de información, la comunicación de la misma e, incluso, la presentación de documentos, todavía pueden existir situaciones en las que se requiera la comparecencia en las estancias del organismo, público o privado, para la gestión presencial de documentación.

Por ejemplo, una empresa puede tramitar por internet una operación de préstamo con su entidad bancaria; sin embargo, es normal que la intervención del notario, elevando a público el contrato privado entre empresa y banco, y dotándolo así de mayor fuerza jurídica, requiera la presencia física de las partes implicadas para proceder a la firma.

Existen, por tanto, dos vías de presentación de la documentación: la presencial y la telemática.

5.1.1. Telemática

Los avances tecnológicos han permitido a las empresas agilizar su actividad, en términos de organización y gestión, reduciendo los tiempos dedicados a la contabilidad, archivo y documentación de operaciones; de esta forma, se ha podido incrementar la productividad, asignando más tiempo a la planificación de la producción y distribución, a las posibles vías de diversificación del negocio y, en definitiva, a la propia actividad productiva de la empresa.

Es normal que, en la actualidad, toda empresa disponga del *software* necesario para llevar a cabo las operaciones cotidianas de control y gestión administrativa: programas para realizar las nóminas de los empleados, junto con los seguros sociales, aplicaciones informáticas específicas de contabilidad, y otras genéricas aplicadas a la confección de archivos, bases de datos...

Del mismo modo que las empresas, los organismos públicos también han dado importantes pasos hacia la informatización de su modo de trabajo, reduciendo considerablemente la llamada burocracia. Así, se han puesto a disposición de las empresas los instrumentos informáticos adecuados para evitar los desplazamientos a las oficinas de los mencionados organismos, salvo en determinadas excepciones.

La realidad que vivimos actualmente en términos del impacto de la pandemia de la COVID-19, ha constatado la utilización de la vía telemática como la utilizada preferentemente, ante las restricciones impuestas por los organismos públicos para la atención presencial.

En el caso de la legalización de los libros registro confeccionados por las empresas, ya se ha comentado la instrucción de la Dirección General de Registros, de la obligatoriedad de presentarlos telemáticamente.

La instrucción fue publicada en el BOE, de fecha 16 de febrero de 2015, en el que se detalla la necesidad de estar en posesión de uno de los **certificados o firmas digitales** reconocidas, sin el cual no será válido el envío telemático de la documentación.

Igualmente, la empresa debe inscribirse en la página del Colegio de Registradores que pone, además, a su disposición, el programa informático que le permitirá generar el soporte magnético que incorpore los libros que se han de legalizar.

Por último, también facilita a la empresa el manual de ayuda de presentación telemática de libros, para el correcto acceso a la plataforma que permita el envío de los mismos para su registro.

El empresario está obligado a conservar copia informática de los ficheros que contienen la información de los libros. Cuando estos hayan sido legalizados, el Registro se lo comunicará a la empresa, vía telemática, haciéndole llegar el justificante correspondiente.

En el caso de la Agencia Tributaria y de la Seguridad Social, también han desarrollado aplicaciones informáticas que facilitan a los contribuyentes y cotizantes, con vistas a establecer los canales adecuados de presentación de documentación, así como de planteamiento y resolución de cuestiones relativas a las obligaciones y derechos de las personas físicas y jurídicas. En el apartado siguiente se desarrollan los casos de estos organismos públicos con más detalle.

Ya se ha aludido a las ventajas que proporciona el manejo de internet, en términos de ahorro de tiempo y espacio dedicado a gestiones administrativas, así como el incremento de productividad que representa para las empresas.

Sin embargo, cabe mencionar como posibles inconvenientes:

- Necesidad de mantener equipos informáticos adecuados a los avances tecnológicos que se van produciendo, así como instruir al personal en el manejo de las aplicaciones necesarias.

- Eventuales saturaciones y colapsos en las vías de comunicación.

- La seguridad de las operaciones por internet se ve a menudo amenazada, ante noticias que aluden a la capacidad que tienen algunos ladrones virtuales para eludir los controles. En este sentido, la firma digital busca la protección y la mayor seguridad posible en las transacciones virtuales.

Pese a los mencionados inconvenientes, la mayor parte de las empresas y, seguramente, también de las personas físicas, se inclinan por la utilización de los instrumentos a través de la red, cuando necesitan consultar sus operaciones y productos bancarios, obtener información sobre los últimos estrenos cinematográficos y adquirir entradas, e incluso, presentar la declaración de la renta ante Hacienda.

5.1.2. Presencial

Comentadas las ventajas de utilizar internet para llevar a cabo las relaciones comerciales y actividad empresarial en general, incluyendo todos los aspectos relativos a su organización, las empresas pueden optar por la presentación presencial de la documentación elaborada, excepto en los casos en los que sea exigida la presentación telemática o por internet.

Ya sabemos, por ejemplo, que la inscripción de los libros registro obligatorios ha de realizarse vía telemática, si bien se contempla la posibilidad de admitir los libros físicamente, si se trata de una excepción debidamente justificada y limitada en el tiempo.

Respecto a la Agencia Tributaria, casi todas las autoliquidaciones son exigibles vía telemática, reduciéndose considerablemente aquellas que pueden presentarse en papel impreso. De todos modos, se recogen las distintas formas de presentación de dichas autoliquidaciones en la Orden Ministerial HAP/2194/2013, de 22 de noviembre, publicada en el BOE, de 26 de noviembre de 2013, y modificada posteriormente por diversas órdenes ministeriales a lo largo de los años, la última la Orden HAC/747/2025, de 27 de junio, publicada en el BOE, de 15 de julio de 2025.

En la mencionada Orden Ministerial, se enumeran las autoliquidaciones (por ejemplo, modelos 100 y 130 relativos al impuesto sobre la renta de las personas físicas; modelo 303 relativo al impuesto sobre el valor añadido, etc.) y también las declaraciones informativas (por ejemplo, modelo 190 relativo a IRPF, que contiene el resumen anual de retenciones e ingresos a cuenta), a las que afecta el contenido de la misma.

En el artículo 2, se detallan las formas de presentación de las autoliquidaciones; nos fijamos en el apartado b, en el que se recoge la posibilidad de presentar en papel impreso los modelos de autoliquidación 111, 115, 130, 131, 136 y 303. Dicho papel, ha de obtenerse del servicio de impresión que la Agencia Tributaria tiene en su sede electrónica.

En el apartado d del mismo artículo, se menciona la posibilidad de presentar la declaración del IRPF en papel impreso, generado por el programa de ayuda (programa PADRE), o por la confirmación del borrador correspondiente, o por la cumplimentación manual de tal declaración.

En los artículos 12 y siguientes, se regula la presentación de declaraciones informativas, que está condicionada por el número de registros que se incorporen, así como del tipo de empresa o sociedad que los presente.

Aunque no puede eliminarse totalmente la posibilidad de presentar en papel impreso y presencialmente la documentación, lo cierto es que cada vez es más reducido el número de operaciones que conservan esta modalidad, siendo el grueso de actividades remitidas a la utilización de la red.

La Agencia Tributaria pone a disposición del contribuyente toda la información relativa a la presentación de liquidaciones y autoliquidaciones, en su sede electrónica: https://sede.agenciatributaria.gob.es/Sede/inicio.html.

5.2. Organismos a los que hay que presentar documentación

Prescindiendo de especificidades en torno al tipo de empresa o de actividad que consideremos, y dejando al margen la necesidad de legalizar los libros registro de obligado cumplimiento por parte de las empresas, mencionados anteriormente, en este apartado se presta especial atención a los organismos públicos ante los que se debe presentar la documentación relativa a los movimientos de tesorería.

Esos organismos son la **Agencia Tributaria** y la **Seguridad Social**, y afectan a cualquier persona física o jurídica, que desempeñe una actividad empresarial o profesional.

El caso de la Agencia Tributaria tiene que ver con la obligación de los contribuyentes de cumplir con su obligación de pagar impuestos, y ya se ha comentado la forma en que se pueden presentar las autoliquidaciones de renta, sociedades e IVA, a las que prestaremos más atención.

En cuanto a la Seguridad Social, veremos que es el organismo ante el que justificar la creación de una nueva empresa; al que comunicar la contratación de unos trabajadores o el despido de otros; comunicar situaciones especiales, como bajas, excedencias, etc. Pero en relación con los movimientos de tesorería de la empresa, interesa especialmente la Seguridad Social, como ente recaudador de las cotizaciones sociales, tanto por cuenta de la empresa como por cuenta de los trabajadores.

En los siguientes puntos, detallamos las características y funcionamiento de estos organismos públicos.

5.2.1. Agencia Tributaria

La Agencia como tal, se creó a principios de la década de los 90 del pasado siglo.

Atendiendo a la información que nos proporciona la propia Agencia en su página web, www.agenciatributaria.es, se trata de una entidad de derecho público, dependiente del Ministerio de Hacienda, pero con cierta autonomía en términos de la gestión de su presupuesto y personal; esto último se debe a que tiene un régimen jurídico específico y diferenciado del de la Administración General del Estado.

Su función consiste en aplicar el sistema tributario, en cumplimiento del contenido de la Constitución, relativo a la obligación que tienen los ciudadanos de contribuir a sufragar los gastos públicos, según su capacidad económica. Debe aplicar la norma, pero no tiene potestad para crearla o modificarla; en ese sentido, está a los dictados del poder legislativo.

Como se ha señalado, la Agencia Tributaria tiene que garantizar el cumplimiento de las obligaciones fiscales, por parte de los ciudadanos, para lo cual:

- Facilita información y asistencia al contribuyente, para que este cumpla con sus deberes fiscales.

- Desarrolla una función de control, encaminada a la corrección de errores en el cumplimiento de la norma tributaria, a la detección de incumplimientos y, en su caso, a la aplicación de las sanciones correspondientes.

En la mencionada página web de este organismo, se detallan las actividades en las que se concreta su función, siendo las dos primeras:

1. *La gestión, inspección y recaudación de los tributos de titularidad estatal (IRPF, sociedades, impuesto sobre la renta de no residentes, IVA e impuestos especiales).*

2. *La realización de importantes funciones en relación con los ingresos de las comunidades autónomas y ciudades autónomas, tanto en lo que se refiere a la gestión del impuesto sobre la renta de las personas físicas*

como a la recaudación de otros ingresos de dichas comunidades, ya sea por disposición legal o mediante los correspondientes convenios de colaboración.

En la misma página, se puede consultar el organigrama de la Agencia Tributaria, así como la carta de servicios, en la que se presentan con detalle los servicios aludidos de información y asistencia al contribuyente, además de la posibilidad de acceder a la presentación telemática de los documentos. (Página: sede.agenciatributaria.gob.es; en la parte superior pinchamos en *Sobre la Agencia Tributaria*, y luego en el menú que aparece a la izquierda de la pantalla, pinchamos en *Información institucional*).

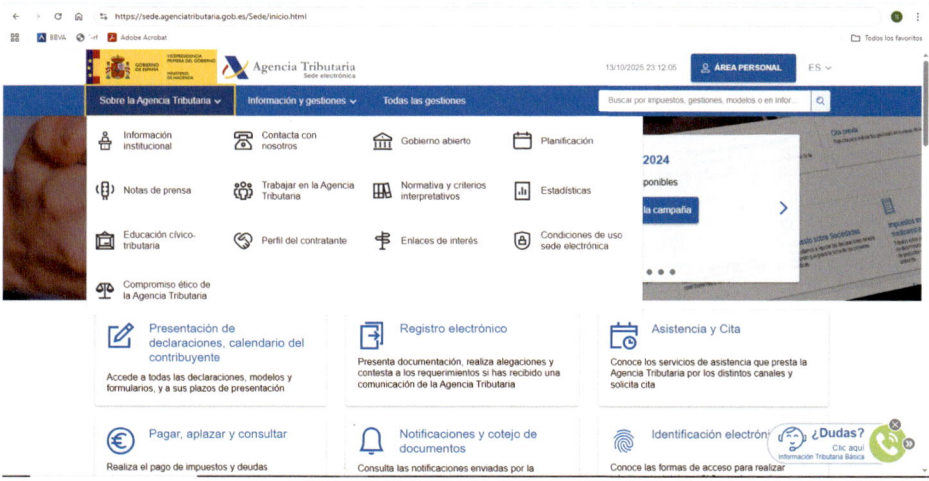

5.2.2. Seguridad Social

Se trata de un organismo con antecedentes históricos que se remontan a finales del siglo XIX, cuyo principal objetivo era la creación de algún tipo de institución que ofreciese cobertura de riesgos en materia de accidentes laborales y, posteriormente, seguros que beneficiasen a la clase obrera y sus familias, en caso de enfermedad, invalidez, etcétera.

Al igual que la Agencia Tributaria, es una entidad de derecho público, dependiente del Ministerio de Inclusión, Seguridad Social y Migraciones, y cuya existencia y sucesivas reformas también responden a exigencias recogidas en la Constitución, que en su artículo 41 dispone que los poderes públicos mantendrán un régimen público de Seguridad Social para todos los ciudadanos que garantice la asistencia y prestaciones sociales suficientes ante situaciones de necesidad, especialmente en caso de desempleo, indicando que la asistencia y prestaciones complementarias serán libres.

En la propia página web del organismo, www.seg-social.es, en el menú superior se puede acceder al botón *Conócenos*, dentro del cual tenemos acceso al siguiente organigrama pinchando en *¿Quiénes somos?*:

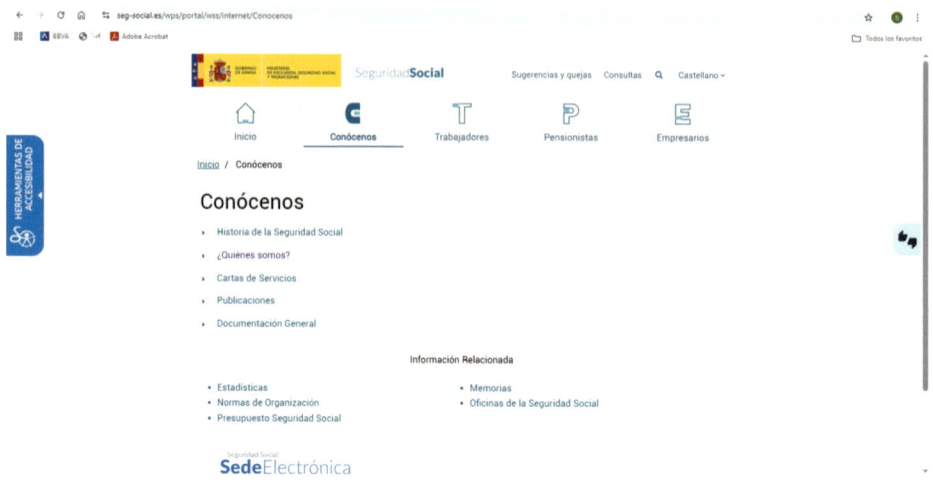

Fuente: www.seg-social.es

Como se puede observar, el organismo es dependiente del Ministerio de Inclusión, Seguridad Social y Migraciones, y está dirigido por la Secretaría de Estado, apoyada por un Gabinete. Además, está compuesto por una serie de entidades independientes entre sí, y todas implicadas en la gestión de la Seguridad Social como tal.

En relación con la documentación sobre los movimientos de tesorería, que la actividad empresarial genera y que las empresas y profesionales autónomos deben presentar, resulta de especial relevancia el conocimiento de la Tesorería General de la Seguridad Social (TGSS).

Se trata de una entidad con personalidad jurídica propia, que se encarga de la administración financiera del sistema de la Seguridad Social, y en la que se unifican los recursos económicos.

Tiene diversas competencias, entre las que se incluyen:

- **Inscripción de empresas:** la creación de una nueva empresa, exige su registro como tal en la TGSS, que asigna a la misma un número de identificación o inscripción; este será utilizado para el seguimiento y control de la empresa, en cuanto a sus obligaciones con la Seguridad Social.

- **Afiliación, altas y bajas de los trabajadores:** cada uno de los trabajadores empleados en la empresa dispone de un número identificativo de afiliación a la Seguridad Social; cualquier modificación en la composición de la plantilla, afecta a las obligaciones contributivas a través de las cotizaciones empresariales y de cada trabajador.

- **Gestión y control de la cotización y recaudación de cuotas:** y, en general, de todos los recursos de financiación de la Seguridad Social.

- **Organización de los medios y procesos:** que sirvan para materializar el ingreso de las cuotas y demás recursos financieros; es la encargada de diseñar y gestionar esos procesos, incluyendo los relativos a la forma de presentación de la documentación por parte de las empresas.

Siguiendo las indicaciones de consulta de la página web, en el menú *Conócenos*, se puede consultar *Cartas de Servicios*, donde se presenta a los usuarios y cotizantes, y al público en general, una serie de compromisos adquiridos por la Tesorería de la Seguridad Social.

En cuanto a la afiliación de los trabajadores a la Seguridad Social, puede darse atendiendo a la existencia de dos **regímenes,** que constituyen la estructura de la propia Seguridad Social, según se recoge en la Ley General de la misma. Esos dos regímenes son el **General** y los **Especiales.** Al primero pertenecen los trabajadores por cuenta ajena en general, siempre que no se incluyan en alguno de los regímenes especiales, además de casos en concreto, como el de los jugadores profesionales de fútbol, por ejemplo. De los regímenes especiales, el más conocido por el público es el de autónomos, en el que se incluyen los trabajadores por cuenta propia, si bien existen otros como el de los trabajadores de la minería, por ejemplo.

A continuación, se analizan los pasos que se deben seguir para la presentación telemática de la documentación, incluyendo lo relativo a las cotizaciones, altas y bajas en la afiliación, etcétera.

5.3. Presentación de la documentación a través de internet

En los últimos años, las nuevas tecnologías han supuesto importantes cambios en las relaciones comerciales, facilitando el acceso de los consumidores a mercados y productos anteriormente inalcanzables; esto se debe, principalmente, a las posibilidades que proporciona internet, en cuanto que ha permitido el desarrollo del *e-commerce* o comercio electrónico, por el que podemos adquirir bienes y servicios sin necesidad de desplazarnos a ningún establecimiento.

Igualmente, las relaciones de las empresas con sus proveedores se han beneficiado de la aplicación de estos avances en la tecnología, agilizando los sistemas de ejecución y suministro de pedidos, así como los cobros y pagos entre ambas partes.

Por último, la intervención de los organismos y Administraciones públicas en la actividad comercial, también se ha visto modernizada; las aplicaciones informáticas permiten a las empresas preparar y entregar la documentación requerida por la Agencia Tributaria y la Seguridad Social. Esto agiliza los trámites y, como ya se ha mencionado en epígrafes anteriores, incrementa la productividad.

En la realización de operaciones por internet, es muy importante la seguridad, utilizando la firma digital para confirmar la identidad de la persona que ejecuta dichas operaciones, y su autorización para ello.

A continuación, se abordan los distintos pasos que deben darse para que las empresas puedan utilizar la vía telemática, en las presentaciones de documentación ante ciertos organismos.

5.3.1. Certificado de usuario

Cuando una empresa necesita llevar a cabo alguna gestión, bien con proveedores o clientes, bien con organismos públicos, debe acreditar convenientemente a la persona apoderada para poder ejecutar tales operaciones, capacitándola para que firme documentación en nombre y representación de la empresa.

Igualmente, para que la empresa pueda realizar operaciones por internet, es imprescindible que se encuentre en posesión de un **certificado de usuario,** también denominado **certificado electrónico.**

Se trata de un certificado emitido por la entidad competente, cuyo objetivo es identificar a la empresa, asignándole una clave para poder proceder a la firma de operaciones realizadas por internet. Cada certificado tiene asignado un número de serie único, y tiene validez por un período de tiempo especificado en el propio certificado.

Una entidad competente para la emisión de certificados electrónicos, es la Fábrica Nacional de Moneda y Timbre (FNMT), a través de su departamento CERES (CERtificación ESpañola). En su página web, http://www.cert.fnmt.es/certificados, muestra los distintos tipos de certificados que emite, además de prestar servicios a las Administraciones públicas y empresas, un servicio de certificación. En esa página, se explica que el certificado para personas jurídicas es la certificación electrónica que vincula a su suscriptor, que es la persona jurídica, unos datos de verificación de firma, denominados clave pública, y confirma su identidad conjuntamente con la del solicitante del certificado, que es la persona física que dispone de poderes suficientes para custodiar dicho certificado. Esta definición puede encontrarse de forma más precisa en la Ley 59/2003, de Firma Electrónica.

Igualmente se señala que, este certificado es el que deben solicitar empresas y organismos públicos para sus relaciones con la AEAT.

Por su parte, la propia Agencia Tributaria, en su página web, facilita un menú de ayuda en el que se incluye toda la información necesaria sobre el certificado electrónico, su solicitud e instalación. En su sede electrónica, muestra los trámites que se pueden llevar a cabo con la Agencia, en materia de presentación de liquidaciones de impuestos, así como el pago de los mismos.

Actualmente, las personas físicas pueden solicitar la tramitación del certificado electrónico de cuatro formas posibles, según se especifica en la sede electrónica de la Fábrica Nacional de Moneda y Timbre (FNMT):

- **Con vídeo identificación.**

- **Con acreditación presencial en una oficina.**

- **Utilizando tu DNIe.**

- **Utilizando tu dispositivo móvil.**

Cada una de estas opciones está explicada con detalle en la página de la FNMT. En las tres primeras, se dan los mismos pasos de instalación del *software* requerido, solicitud del certificado por internet y la acreditación de la identidad. Es este apartado el que diferencia las tres opciones: se hace con un vídeo en la primera opción, solicitando acreditación presencial en alguna de las oficinas habilitadas, como la AEAT o la Seguridad Social (imprescindible solicitar cita previa), o se acredita la identidad en el propio proceso con el DNIe.

En el caso de utilizar el dispositivo móvil, lo primero es descargar la *app* y luego proceder de una de las tres maneras anteriores.

El proceso finaliza cuando podemos descargar el certificado.

Respecto a la solicitud del certificado por parte de las empresas, se diferencia entre distintos tipos de empresas. Para el caso de las sociedades anónimas y las limitadas, si tienen administrador único o solidario, debe disponerse del *software*, solicitar por internet el certificado, únicamente con certificado de persona física o DNIe.

En la sede electrónica de la FNMT pueden consultarse los requisitos para otros tipos de entidades.

Otro de los sistemas de acreditación que permite el acceso a los trámites con la Administración pública, de uso muy extendido desde su creación, es el denominado sistema Cl@ve.

Según se explica en www.clave.gob.es, es un sistema aprobado en septiembre de 2014 en Consejo de Ministros, por el que se pretende facilitar el acceso electrónico de los ciudadanos a los servicios prestados por las Administraciones públicas, unificando las claves de acceso para todos.

Permite complementar otros sistemas de acceso, como el propio certificado electrónico y unifica las plataformas de identificación, autenticación y firma electrónica, evitando que los ciudadanos tengan que utilizar distintos métodos para identificarse en sus relaciones con diferentes organismos de la Administración pública.

Existen tres tipos de identificación con el sistema Cl@ve:

- Cl@ve móvil: el sistema permite la autentificación del usuario confirmando la petición que recibirá en la *app* Cl@ve.

- Cl@ve Pin: se accede a los trámites a través de un PIN de un único uso, que se puede recibir en la *app* o mediante un SMS.

- Cl@ve Permanente: el acceso se obtiene con el DNI y una contraseña previamente registrada.

En todos los casos, es imprescindible el registro previo en el sistema Cl@ve, que puede hacerse de forma presencial, por ejemplo, en la Agencia Tributaria, o por internet con distintos sistemas de verificación de la identidad, como DNIe, certificado electrónico o por internet con vídeo identificación.

Se puede consultar más información al respecto, en la página web señalada anteriormente.

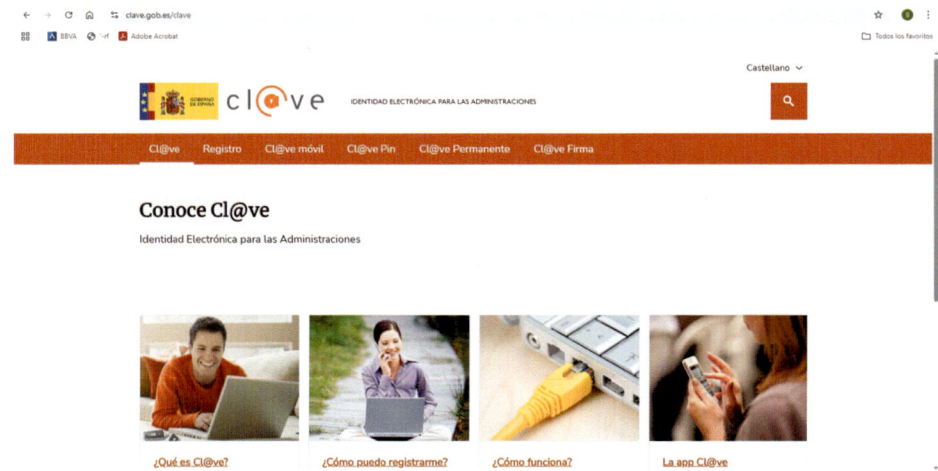

Con la descarga de la *app* en el dispositivo móvil, se agiliza la autentificación de la identidad y, por tanto, el acceso al trámite que realizar.

En lo que respecta a la Seguridad Social, nos centramos en el sistema que la Tesorería General ha diseñado para facilitar las gestiones que las empresas han de realizar, en cuanto a su creación, altas y bajas de trabajadores, y elaboración de boletines de cotización, así como los pagos de las cuotas correspondientes. Se trata del Sistema RED.

Según la información facilitada en la propia web de la Seguridad Social, el Sistema RED es un servicio que la TGSS pone a disposición de empresas y profesionales autónomos, en aras de permitir la fluidez en las comunicaciones por internet entre ambas partes. Esas comunicaciones son las relativas a:

- Presentación de los boletines de cotización (TC2), en los que se recoge la relación de trabajadores, y pago de las correspondientes cuotas, bien por domiciliación en cuenta, bien efectuando un pago electrónico.

- Comunicación de altas, bajas y modificaciones de datos de los trabajadores, además de consultas y petición de informes sobre los mismos.

- Tramitación de partes de baja y comunicación de los mismos al Instituto Nacional de la Seguridad Social, así como el envío de certificados de maternidad/paternidad.

- Gestión de autorizaciones.

El sistema está encaminado a eliminar el papel de las relaciones entre la entidad y las empresas, agilizando trámites y reduciendo tiempos de espera.

Para la utilización del sistema RED, la Seguridad Social creó un certificado específico, denominado certificado SILCON. Su objetivo era garantizar la seguridad en las relaciones entre las empresas y profesionales autónomos.

Se obtenía presentándose en una oficina de certificados digitales, en la que el usuario debía identificarse debidamente con el documento nacional de identidad. Una vez realizados los trámites de comprobación de identidad oportunos, el certificado se entregaba al usuario para su custodia, así como la contraseña asociada al mismo.

Fue reemplazado en 2016 por otros certificados digitales admitidos.

El Sistema RED es muy utilizado por las empresas y autónomos en los trámites con a TGSS; además, utilizado el sistema una vez, el usuario queda obligado a seguir haciéndolo en futuras gestiones, olvidándose del canal de comunicación físico y presencial.

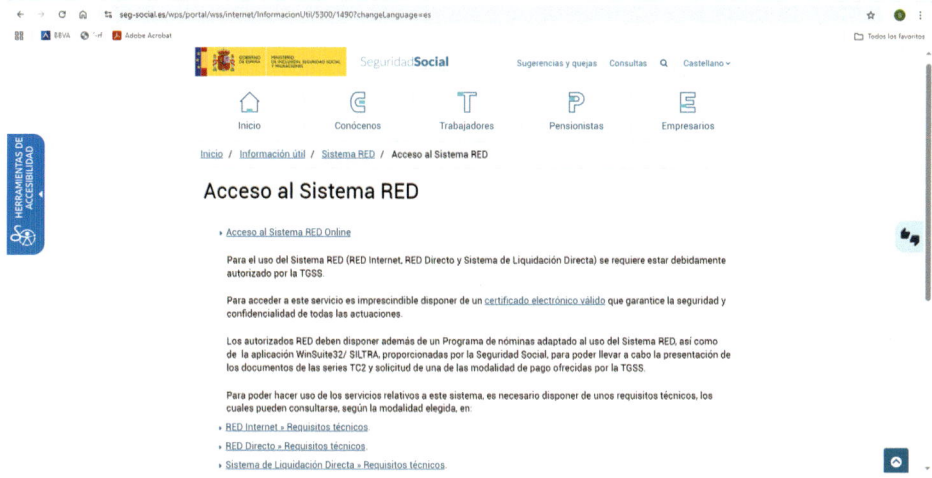

5.3.2. Plazos para la presentación del pago

Los contribuyentes, sean personas físicas o jurídicas, no solo deben cumplir con sus obligaciones tributarias, sino que, además, deben hacerlo en los plazos estipulados para ello por parte de las Administraciones públicas.

La periodicidad con que las empresas y contribuyentes en general deben hacer frente a sus obligaciones de pago, presentando autoliquidaciones, depende del tipo de tributo de que se trate y de quién sea el obligado tributario. Así, la Agencia Tributaria, en su página web, señala que tal periodicidad puede ser:

- *Trimestral, para empresarios individuales en estimación objetiva o directa, profesionales, sociedades y entes sin personalidad jurídica.*

- *Mensual, para empresarios individuales, profesionales, sociedades y entes sin personalidad jurídica con volumen de operaciones superior a 6 010 121,04 € en 2014 (grandes empresas), para sujetos pasivos del IVA inscritos en el Registro de Devolución Mensual (REDEME), los que tributen en régimen especial del grupo de entidades y las Administraciones públicas, incluida la Seguridad Social.*

Existen ciertos modelos, relativos a los impuestos, que han de ser presentados en una fecha determinada, como el modelo 100, que recoge la devolución o ingreso del impuesto sobre la renta de las personas físicas, y que se presenta una vez al año.

Otros modelos son de presentación trimestral, como, por ejemplo, el 111, relativo a las retenciones e ingresos a cuenta.

En la misma página web de la Agencia Tributaria, esta facilita el calendario del contribuyente, en el que se detallan los impuestos y fechas de presentación de los mismos.

Respecto a la Tesorería General de la Seguridad Social, las empresas presentan la documentación relativa a las cuotas de cotización, propias y a cargo de los trabajadores, y proceden a su pago, con periodicidad mensual.

5.3.3. Registro a través de internet

A lo largo del capítulo, se han venido comentado las posibilidades que tienen las empresas para afrontar sus obligaciones en cuanto a presentación de documentación ante organismos públicos, así como de realizar los pagos oportunos.

La Agencia Tributaria dispone la información sobre los trámites electrónicos que pueden realizar las empresas: en la página www.agenciatributaria.es, en el menú superior pinchamos *Empresas y profesionales*, *Empresas, Trámites electrónicos*. En este apartado se presenta un servicio adicional de Notificaciones Electrónicas, que permite recibir notificaciones y comunicaciones administrativas vía telemática.

El acceso al sistema, que es para personas físicas y jurídicas, exige:

- Darse de alta con DNI o certificado electrónico: al registrarse, el usuario recibe una dirección electrónica habilitada, individual y única, para la recepción de todas las notificaciones.

- Suscribirse e incorporar a dicha dirección electrónica, los procedimientos habilitados para recibir las notificaciones.

- Consultar el buzón de notificaciones asociado a esa dirección electrónica.

El servicio tiene por objetivo facilitar al usuario el conocimiento y acceso a contenidos, de las posibles notificaciones y comunicaciones que pudiera recibir, desde las distintas estancias de la Administración pública, no solo de la Agencia Tributaria. En este sentido, es un canal de comunicación entre la Administración y los ciudadanos, que representa las ventajas mencionadas de la utilización de la vía telemática para realizar los trámites administrativos, en términos de agilidad, ahorro de tiempo y facilidad de acceso.

En el mencionado menú de *Trámites electrónicos*, se detallan otros servicios ya explicados, como la presentación y pago de autoliquidaciones de impuestos.

Los portales virtuales de la Agencia Tributaria y la Seguridad Social especifican los pasos que se deben dar en el acceso a los servicios disponibles por internet, incluyendo el *software* que instalar y los enlaces para gestionar los certificados electrónicos, como a se ha procedido a explicar.

5.3.4. Búsqueda de información sobre plazos de presentación en las páginas web de Hacienda y de la Seguridad Social

En un apartado anterior, ya se hizo mención de las obligaciones que tienen las personas físicas y jurídicas con los organismos públicos, como la Agencia Tributaria y la Seguridad Social, pero además, deben cumplir con ellas en los plazos y tiempos establecidos.

En lo que a la Agencia Tributaria se refiere, en su página web se presenta un calendario del contribuyente, en el que todos los años la entidad proporciona información a particulares y empresas, de los plazos de presentación de la documentación relativa a los tributos que puedan afectarles. El calendario se renueva anualmente, y puede consultarse en https://sede.agenciatributaria.gob.es/, según la imagen adjunta al Apartado 5.2.1.

En lo que se refiere a la Seguridad Social, concretamente a la TGSS, las empresas deben cumplir con sus obligaciones en cuanto a las cuotas de cotización y su pago, con periodicidad mensual. No obstante, para las empresas y los trabajadores, es relevante el conocimiento del calendario laboral, a efectos del cumplimiento con las horas de trabajo estipuladas en convenio y el respeto de los días festivos. Tal calendario está disponible en www.seg-social.es, en el menú *Empresarios*.

5.4. Descarga de programas de ayuda para la cumplimentación de documentos de pago

Entre todas las aplicaciones informáticas empleadas por la Agencia Tributaria y la Seguridad Social, encaminadas a facilitar la realización de trámites a través de internet, por parte de las personas físicas y jurídicas, se encuentra la puesta a disposición de las mismas del *software* necesario para cumplir con el objetivo descrito.

Igual que en el caso del *Calendario del contribuyente*, en la página principal de la Agencia Tributaria, en su margen derecho, se encuentra el menú *Acceda directamente,* en el que podemos encontrar *Descarga de programas de ayuda*.

Esta opción facilita el acceso a los distintos programas de confección y presentación de documentación, según los diferentes impuestos: renta, patrimonio, sociedades, IVA, etcétera.

Desde el mismo menú, se facilita la descarga e instalación de la máquina virtual Java, necesaria para la instalación de los programas. Así mismo, la Agencia Tributaria establece una serie de recomendaciones sobre programas auxiliares que faciliten la instalación.

Además de los programas de ayuda, también se pueden descargar los modelos y formularios necesarios para la presentación de la documentación. Se accede a ellos desde la página principal, la mostrada en la ilustración 4, en el menú *Acceda directamente,* pinchando posteriormente en *Modelos y formularios.*

En lo que afecta a la Seguridad Social, igualmente se facilita la descarga de formularios necesarios para los empresarios. Para ello, se accede al menú *Empresarios* de la página www.seg-social.es, pinchando posteriormente en el margen derecho de la pantalla, en *Formularios y modelos.* Entre estos formularios, se encuentran los documentos de cotización y recaudación, y los del Sistema RED. Como ya se ha explicado, este sistema es el creado para que las empresas puedan realizar todas sus gestiones y trámites por vía telemática, sin necesidad de programas adicionales.

5.5. Utilización de mecanismos de pago en entidades financieras a través de internet

Las entidades financieras, también en aplicación de las nuevas tecnologías en sus relaciones con particulares y empresas, es decir, con sus clientes, ponen a disposición de los mismos, instrumentos que permitan realizar pagos por internet de forma segura.

Los más utilizados son la transferencia bancaria y las tarjetas, de crédito y débito. Ambos instrumentos han sido estudiados en el presente manual, en capítulos anteriores. Sin embargo, cabe mencionar los avances en la garantía de la seguridad en las transacciones por internet, que tanto demandan los usuarios y tanto interés tienen las entidades financieras en facilitar. En este sentido, las entidades han creado tarjetas virtuales, a las que el propio cliente puede ingresar saldo suficiente para realizar operaciones, desde la cuenta corriente a la que se encuentren vinculadas. Si no hay saldo suficiente, no hay posibilidad de realizar pagos con ellas; es decir, son como tarjetas monedero, pero no existen físicamente, aunque tienen su numeración, fecha de caducidad, etc. El uso de dichas tarjetas se ha incrementado considerablemente en los últimos tiempos, y más a causa de la COVID-19, cuya propagación ha hecho recomendable la utilización de medios de pago distintos a las monedas y billetes.

En 2025, como novedad en la campaña de Renta 2024, se incorporó la posibilidad de pagar el impuesto mediante Bizum.

Estos como métodos de pago al margen de la domiciliación de recibos.

Pero, además, los organismos públicos facilitan documentos que permitan el pago electrónico, como es el caso de la Seguridad Social. La TGSS emite el denominado recibo de liquidación de cotizaciones, en el que se recoge toda la información relativa a las obligaciones empresariales en cuanto a cálculo de cuotas de cotización y su posterior pago en el plazo establecido. Dicho pago podrá efectuarse a través de la red de cajeros automáticos, utilizando el servicio de banca telefónica y, de forma más habitual en la actualidad, utilizando la banca *online*.

Lo mismo ocurre con las autoliquidaciones de los impuestos, que los contribuyentes pueden pagar a través de los medios dispuestos para ello por parte de las entidades bancarias.

5.6. Utilización de banca *online*

Ya sabemos que las entidades crediticias no han escapado a la modernización de los instrumentos de trabajo, facilitando una relación más ágil con sus clientes y entre ellas mismas.

Suele decirse de la banca española, que es muy tradicional, en el sentido de que los clientes prefieren acudir a la oficina y hablar con alguien sobre los productos y servicios que contratar o cancelar, y no tanto la rapidez en el acceso a la información que brindan las nuevas tecnologías. Igualmente, al personal empleado en las entidades, les resulta más fácil pensar en las posibilidades de endeudamiento o inversión, de aquellos clientes que conocen porque visitan con frecuencia las oficinas bancarias.

En todo caso, en los últimos años las entidades han ido incorporando la banca a distancia entre los servicios facilitados a sus clientes, que permite que estos mantengan la relación con su oficina bancaria, sin necesidad de desplazarse hasta ella.

Dentro de la banca a distancia, y según podemos consultar en el portal de clientes de banca del Banco de España, http://www.bde.es/clientebanca/es/areas/Productos_Bancar/Banca_a_distancia/, dentro de este servicio tenemos:

- **Agentes**: personas, físicas y a veces también jurídicas, que sin ser empleadas de la entidad bancaria, actúan en su nombre, normalmente en localidades donde tal entidad carece de oficinas.

- **Cajeros automáticos**: máquinas que, inicialmente estaban pensadas para el acceso al efectivo fuera de oficina, en lugares donde ni siquiera hay una, y que actualmente permiten, entre otras opciones, realizar ingresos en efectivo, transferencias, pagar recibos… Se utilizan por medio de la inserción de la tarjeta correspondiente, o bien de libreta, si se trata de cuenta de ahorro que la tenga asociada como instrumento de movilización de fondos.

- **Teléfono:** permite la comunicación directa con un empleado de la oficina, al que realizar las consultas pertinentes o pedir la ejecución de ciertas operaciones. Exige la firma de un contrato, en el que se señale la necesidad de utilizar claves que identifiquen al interlocutor como persona autorizada para realizar el trámite de que se trate. Actualmente, es habitual que las entidades utilicen los mensajes SMS para dar información a los clientes, o facilitar claves de operaciones por internet.

- **Internet:** se ha convertido en el principal medio de comunicación para muchos clientes de banca, con su entidad. Permite el acceso a la información sobre los productos y servicios bancarios, sin necesidad de tener que esperar a consultar con alguien, personal o telefónicamente. A través de contrato, el cliente accede a una plataforma con identificación de usuario y contraseña, donde consultar todos los productos y servicios que tenga contratados con la entidad. Igualmente, le posibilita la ejecución de operaciones: realizar transferencias; consultas de extractos; solicitudes de emisión de tarjetas, de talonarios de cheques o pagarés… Todas estas opciones exigirán la confirmación a través de la denominada **clave de operaciones,** identificativa de la operación y la persona que la ejecuta. Cada vez es más habitual que esta clave sea remitida por la propia entidad al teléfono móvil del titular, vía SMS, justo en el momento en el que se está ejecutando la operación. Esto se justifica por los avances en materia de seguridad que se van dando, cara a proteger de fraudes y usurpaciones de personalidad a los clientes. Podemos consultar la página web de cualquier entidad crediticia, para comprobar el acceso a los servicios de banca *online*.

Autoevaluación

5.1. La firma electrónica es:

a) Un instrumento de verificación de la identidad de la persona autorizada a realizar cierto trámite por vía telemática.

b) La clave de acceso a cualquier plataforma de comunicación *online.*

c) La validación mecánica que la entidad bancaria inserta en cualquier documento público presentado para su pago.

d) La identificación registrada en el documento nacional de identidad.

5.2. Las ventajas de la presentación telemática de documentación son:

a) Ahorro de tiempo y agilidad en la confección de la documentación y realización de los trámites.

b) Aplazamiento en los pagos y adelanto de los cobros.

c) Posibilidad de disfrutar de más tiempo libre, al reducirse la jornada laboral por la rapidez en la presentación telemática.

d) En realidad, no son tantas las ventajas. La burocracia es la misma si se utiliza internet o si se opta por la presentación presencial.

5.3. La banca *online* que las entidades bancarias ponen a disposición de sus clientes, permite:

a) Realizar transferencias.

b) Consultar extractos bancarios.

c) Solicitar tarjetas de crédito.

d) Todas las respuestas anteriores son correctas.

5.4. El correcto funcionamiento de esa banca *online* exige:

a) Facilitar al cliente un clave de acceso, usuario y contraseña, y cumplimentar la clave de operaciones, como requisito indispensable para ejecutar cada operación.

b) Facilitar al cliente un contacto telefónico en la oficina, que compruebe que, efectivamente, está autorizado para realizar la operación.

c) Se trata de una operación completamente segura; basta con identificarse como cliente del banco con el DNI.

d) Facilitar al cliente un dispositivo de seguridad para instalar en el ordenador desde el que vaya a operar a través de banca *online.*

5.5. Las empresas:

a) Prefieren realizar la presentación de la documentación ante organismos públicos, de forma presencial, por no considerar segura la vía de internet.

b) Ven reducidos sus costes e incrementada su productividad, gracias a la utilización de internet para la presentación de documentación.

c) No tienen una posición definida. Se supone que unas preferirán la vía presencial y otras no.

d) Pueden elegir la forma de presentación de la documentación en cada caso.

5.6. La Agencia Tributaria:

a) Obliga a la presentación de determinados modelos de autoliquidación, de forma telemática.

b) Facilita el acceso por internet a los modelos y formularios correspondientes, pero no la descarga de los programas informáticos para su confección.

c) Deja total libertad a las empresas en la toma de decisiones sobre la forma y plazo de presentación de autoliquidaciones.

d) Ninguna de las respuestas anteriores es correcta.

5.7. La Tesorería de la Seguridad Social:

a) Es una entidad independiente de la Seguridad Social, dedicada únicamente a los cobros y pagos en concepto de cuotas de cotización empresarial.

b) Es denominada la caja única del sistema de Seguridad Social.

c) Depende directamente de la ministra de Inclusión, Seguridad Social y Migraciones.

d) No tiene relación con el resto de entidades que componen el sistema de la Seguridad Social.

5.8. Las empresas están obligadas a presentar documentación relacionada con su actividad ante:

a) La Agencia Tributaria.

b) La Tesorería General de la Seguridad Social.

c) Depende de la empresa, puede ser ante ambas o solo una de ellas.

d) La Agencia Tributaria y la Tesorería General de la Seguridad Social.

5.9. Los plazos de presentación de las autoliquidaciones en materia tributaria y cuotas de cotización, en materia de Seguridad Social:

a) Están perfectamente delimitados por los organismos competentes, y publicada la información al respecto en sus páginas web.

b) Son potestad de cada empresa, siempre que se realicen dentro del año natural.

c) Las cuotas de cotización se ingresan mensualmente; los impuestos trimestralmente.

d) Las cuotas de cotización se ingresan trimestralmente y los impuestos depende; unos mensualmente y otros trimestralmente.

5.10. Pese a las ventajas de la tramitación vía telemática de la documentación por parte de las empresas, podemos afirmar:

a) Que no son tantas las ventajas, ya que quedan mucho por avanzar en rapidez, acceso a información y datos y seguridad.

b) Que son de consideración algunos inconvenientes, como eventuales colapsos en la red, o problemas de seguridad que se puedan apreciar.

c) Que somos un país conservador y que necesitamos desplazarnos a las oficinas y entregar la documentación a una persona.

d) Que no hay opciones, porque en un plazo corto está previsto que desaparezcan los trámites realizados en persona en las oficinas.